요점위주의
# 인간행동과 사회환경

소 광 섭 저

# 머리말

　인간과 사회환경은 사회복지학에서 중요한 과목중의 하나다.
　인간이 태어나서 죽을 때까지 인간행동은 환경과의 교호작용 속에서 이해하여야 한다. 왜냐하면 인간의 욕구가 복지의 중요한 과제며, 인간행동에 대한 이해는 사회복지 실천에서도 중요하기 때문에 좋든 싫든 모든 사람은 태어남의 시기 등 환경이 중요한 요인이 된다.
　과거 유학자들의 필독서였던 소학의 첫 부분도 태교였다.
　아이들의 몸과 마음은 자라면서 성장과 성숙 그리고 학습을 하여 끊임없이 변화한다. 당연히 신체발달 과정에 따라 부모, 교사 그리고 모든 사회구성원들은 그 과정에 따라 양육과 교육방법도 새로운 환경에 적응하도록 노력하여야 한다.
　이 책을 마무리 할 즈음에 우리 사회는 사이코패스 때문에 아무런 잘못도 없이 죽어간 8명의 고인들로 눈물을 많이 흘리고 분노를 하였다. 인간행동은 발달단계부터 발달과제를 환경에 조화 할 수 있도록 노력함이 우리 모두에게 중요하다는 인식을 새롭게 각인시켜 주었다.

　이 책의 특징은 명확하고, 단순하며, 짧고, 적은 분량의 책으로 쉽고 간결하게 집필하려고 노력하였다.

그 이유는

첫째, 기존의 논리적인 전개로 두꺼운 많은 양의 책은, 보는 것 보다는 안보는 편이 많고,

둘째, 구체적인 내용은 강의에서, 의문은 교수에게 또는 도서관에서 탐구시키며,

셋째, 요점 중심의 내용으로 사회복지사 및 공무원시험을 대비 하고자 한 참고서이다.

마지막으로, 이보다 좋고 훌륭한 책들이 서점가에 많이 있지만 우리 학생들이 즐겁게 보아주면 더 없이 고맙게 느낀다.

방학 중에 싫다는 말 한마디 없이 같이 도와준 이진수 학생에게 감사의 말을 전한다.

2009. 2. 18.

내동벌에서  소 광 섭

# 목 차

## 제1부 인간행동 발달과 사회복지

제1장 인간행동과 사회환경 ─────────── 11
   1. 개요 ································································ 11
   2. 주요개념 ························································ 12

## 제2부 인간성격과 사회복지

제1장 정신역동이론 ─────────────── 23
   1. 개요 ································································ 23
   2. 정신분석이론 ················································ 23
   3. 심리사회이론 ················································ 36

제2장 인지발달 및 도덕성 발달이론 ─────── 45
   1. 개요 ································································ 45
   2. 인지발달이론 ················································ 46
   3. 행동주의이론 ················································ 55
   4. 분석심리학이론 ············································ 62
   5. 개인심리이론 ················································ 68
   6. 사회학습이론 ················································ 73
   7. 도덕발달이론 ················································ 79

제3장 인본주의이론 ──────────────── 83
  1. 개요 ················································· 83
  2. 욕구이론 ············································ 83
  3. 현상학적이론 ······································· 88

## 제3부　인간성장과 발달

제1장 태아기 ──────────────────── 95
제2장 유아기(1～1.5세) ──────────────── 101
제3장 아동기(학령전기, 2～6세) ─────────── 107
제4장 후기아동기(6～12세) ──────────────── 113
제5장 청소년기(12～21세) ──────────────── 119
제6장 청년기(21～40세) ────────────────── 123
제7장 중년기(40～65세) ────────────────── 127
제8장 노년기(65세 이상) ───────────────── 131

## 제4부　사회환경의 이해

제1장 사회체계이론 ───────────────── 139
제2장 생태학적 체계이론 ─────────────── 147
제3장 가족 ─────────────────────── 155
제4장 집단 ─────────────────────── 163

제5장 조직 ──────────────────────── 171
제6장 지역사회 ──────────────────── 177
제7장 문화 ──────────────────────── 181

## 제5부 이상행동의 이해

제1장 이상행동의 개념 및 진단 ──────────── 187
제2장 이상행동의 유형 ────────────────── 191

≪부 록≫
- 공무원 시험 문제 ·································································· 199
- 제1회 사회복지사 1급 시험 출제문제 ·························· 203
- 제2회 사회복지사 1급 시험 출제문제 ·························· 209
- 제3회 사회복지사 1급 시험 출제문제 ·························· 221
- 제4회 사회복지사 1급 시험 출제문제 ·························· 230
- 제5회 사회복지사 1급 시험 출제문제 ·························· 239
- 제6회 사회복지사 1급 시험 출제문제 ·························· 249

◆ 참고문헌 ──────────────────────── 259

# 제1부
# 인간행동 발달과 사회복지

제1장 인간행동과 사회환경

# 제1장
## 인간행동과 사회환경

### 1. 개요

　인간은 전 생애 동안 출생에서 사망에 이르기까지 신체적, 인지적, 심리적, 사회적 측면에서 연속적으로 이루어진다. 이러한 인간의 행동은 환경속의 인간(Person in environment)으로서 질서정연하고 연속적이며 상승적 발달(성장)과 하강적발달의 변화를 겪으면서 이루어진다.
　따라서 인간 발달의 영역, 인간발달원리, 발달단계에 따른 발달과업 등은 사회복지 실천과 어떻게 연관 또는 상관이 되며, 클라이언트가 전 생애에 직면하여 다양한 위기 상황 속에서도 클라이언트의 욕구, 문제 등을 정확하게 사정하는데 도움을 제공하고 있다.

## 2. 주요개념

### 1) 인간행동의 이해

---
**인간행동**

* 사회복지실천과정에서 사정단계는 사회복지사의 개입에 기초
* 환경속의 인간이해: 보편적 발달, 특정한시기, 소수의 특징
* 전 생애 발달: 출생에서 사망까지
* 인간의 성격 및 이상행동에 대한 이해
  현재 - 미래의 행동 예측·수정
---

사회복지 실천과정에서 사회복지사가 개입하여 정확한 사정을 하기 위해서 인간행동의 이해가 필요하다. 인간행동은 사회환경으로부터 내·외적으로 상호교호작용이 이루어지며, 전 생애에 걸쳐 신체적 변화, 정서, 심리적, 사회적 측면의 개인의 활동 및 반응이 중요하다 인간의 성격 및 이상행동은 개인의 성격을 이해하고 나아가 사회적응과 부적응으로 인한 정상과 이상행동을 이해하여 바람직한 방향으로 행동을 수정하기 위하여 필요한 전제조건이다.

### 2) 인간발달

인간발달이란? 인간이 출생에서부터 사망하기까지 시간에 따라 전 생애에 걸쳐 연속적으로 일어나는 신체구조, 사고, 행동의 변화과정을 말한다.

발달은 대부분 유전적요인(인종, 국적, 연령, 성별, 염색체

등)과 환경적요인(사회·경제적, 문화적, 기타 질병 또는 영양 요소 등)의 지속적인 상호작용에 의하여 나타나는 개인적 과정이며 성장은 유전인자의 설계에 의하여 이루어진다고 볼 수 있으며 주로 신체적(신체크기, 근육세기 등), 생리적인 양적증가를 말한다.

---

**인간발달**

* 발달(development): 개인적인과정(유전 및 환경요인)
  - 신체·정서·사회성요소
* 성장(growth): 유전인자의 영향
  (신체크기 등 양적증가)
* 성숙(maturation): 신체적·심리적 변화 ──── 생물학적요인
* 학습(learning): 후천적 변화의 과정 ──────── 환경적요인

---

성숙은 생물학적 요인보다는 사회환경적 요인이 더 상호관련이 있다고 볼 수 있다. 학습은 직접적 또는 간접적 경험으로서 후천적 변화의 과정으로 볼 수 있다.

이러한 인간발달은 신체적, 심리적, 사회문화적 차원에서 상호작용이 이루어지며 사회복지실천에 있어 이들 3차원을 통합하는 접근방법이 중요하다.

### 3) 인간발달의 원리

인간발달은 삶의 모든 단계에서 이루어지며 어떤 사람은 키가 크고 홀쭉하다. 또 어떤 사람은 키가 작고 뚱뚱하다. 태어나

서 모든 아기는 걷지 못하지만, 태어난 후 10개월이 지나면 걸음마를 조금씩 시작하나 10개월이 지나도 걷지 못하는 아기도 있다. 인간의 발달 속도는 개인차가 존재하기 때문이다.

인간발달의 전제는 있으나, 인간발달원리는 모든 사람에게 보편적으로 일정한 원칙이 존재한다.

---

**인간발달의 원리**

* 유전인자와 환경과의 상호작용
* 결정적시기
* 개인차
* 점성원리
* 일정한 순서와 방향성
* 연속적 과정
* 분화와 통합의 과정

---

모든 인간은 유전인자와 환경과의 상호작용으로 이루어지며, 신체발달이 최적의 시기에 이루어지지 않으면 발달단계에 따른 발달 과업의 획득에 영향을 받는다.

또한 일정한 순서와 방향성, 즉 상부에서 하부로, 중심부위에서 상·하말초부위로 진행이 되며, 연령이 증가하고 환경 등 변수에 의하여 개인 간의 차는 성장에 따라 폭이 더 차이가 난다.

전 생애를 통하여 이전단계는 이후단계의 기초 안이 되어서 연속적 과정과 부분적으로 발달하게 된다. 먼저 발달한 부분을 기초로, 다음 단계가 발달하는 점성원리(아기가 서고, 걷는 과정)는 중요하다.

발달은 부분에서 통합, 통합에서 부분의 조화로 이루어지며 특정한 시기에 발달이 늦거나 잘못된 경우에는 원래의 발달 상태로 회복은 불가능하다.

따라서 인간 발달의 원리는 개인마다 그 정도가 빠르고 늦는 차이는 존재 할 수 있으나 보편적으로 체계적이고 규칙적인 원칙이 존재한다.

인간발달은 인간과 환경이 상호교호작용을 통하여 인간의 발달이 일관성 있게 이루어지고 있으나 인간발달의 특성에는 기초성, 적기성, 누적성, 불가역성 등 을 강조한다(유안진·김혜선, 1996).

| 특성 | 주요내용 |
| --- | --- |
| 기초성 | 인생초기의 신체적·정서적·사회적발달 등은 일생을 결정하는 기초(출생에서 만8세까지 지능의 80% 정도 발달) |
| 적기성 | 특정한 발달 과업이 성취하는 적절한 시기 |
| 누적성 | 적절한 시기에 결손이 생기면 다음시기의 발달에 영향이 증가(결손시 즉시 교정 또는 보완) |
| 불가역성 | 최적기에 발달을 이루지 못할 경우, 일생동안 성취는 불가능(교정, 보충이 곤란) |

## 4) 인간발달 단계 및 과업

| 발단단계 | | | | 발달과업 |
|---|---|---|---|---|
| Zastrow외 | Newman외 | Erikson | 교재 | |
| 태아기 (임신~출산) | 유아기 (출산~2세) | 유아기 (출생~1.5세) | 태아기 (임신~출산) | 임신연령: 16~35세 |
| 유아기 (출생~1.5세) | | | 유아기 (1~1.5세) | 대상영속성 습득, 애착과 분리불안 |
| 걸음마기 (1.5~3세) | 걸음마기 (2~3세) | 초기아동기 (1.5~3세) | 아동기 (2~6세) | 전조작기(6세) → 구체적조작적사고(12세) 소유와 관용등 사회화 행동기초 도덕성 발달 |
| 초기학령기 (3~6세) | 초기학령기 (3~6세) | 유희기 (3~6세) | | |
| 후기아동기 (6~12세) | 후기아동기 (6~12세) | 학령기 (6~12세) | 후기아동기 (6~12세) | |
| 청소년기 (12~19세) | 청소년기 (12~19세) | 청소년기 (12~21세) | 청소년기 (12~21세) | 자율성, 추상적사고, 자아정체감 형성 |
| 청년기 (19~29세) | 청년기 (19~29세) | 성인초기 (21~24세) | 청년기 (21~40세) | 친밀관계형성, 가정형성 및 자녀양육, 사회적집단 형성 |
| 중년기 (30~65세) | 성인초기 (24~34세) | 성인중기 (24~65세) | 중년기 (40~65세) | 생성과 정체, 인생황금기(위기감) |
| | 성인중기 (34~60세) | | | |
| 노년기 (65세 이상) | 노년기 (60~75세) | 노년기 (65세 이후) | 노년기 (65세 이상) | 자아통합, 역할변화, 죽음수용 |
| | 노년후기 (75세 이상) | | | |

* 자료: 인간행동과 사회환경, 2008, 나눔의 집 재구성.

인간발달단계구분은 학자마다 크게 차이는 있으나 대체적으로 나이로 구분하고 있다. 따라서 인간의 발달단계는 학자마다 경계가 대략적이고 명확한 구분은 없다.

그러나 발달단계는 연속적이며 발달과업이 중복되는 경우도 존재하므로 각 발달단계에 따라 명칭과 연령 그리고 발달과업을 동시에 이해함이 중요하다.

### 5) 인간행동, 발달과 사회 환경 및 사회복지실천

현대는 사회복지의 개념에 사회사업이나 사회복지서비스 등의 개념이 포함되어 있으며 사회복지실천은 인간이 환경에 적응하는 것이 아니라 환경을 인간에 적응하도록 하기 위한 노력으로 볼 수 있다. 따라서 클라이언트의 욕구에 따라 클라이언트가 정상적인 생활을 하도록 보장하여 주는 정상화로 보편화할 수 있다.

1900년대는 환경과 인간관계에서 인간이 종속적 요소였으나 1950년대 이후부터는 환경과 인간이 상호작용 속에서 이루어지고 있다.

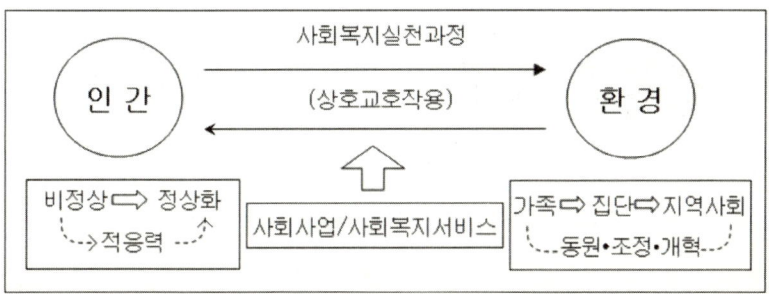

사회복지사는 연령별 발달단계에 기초한 지식을 기본으로 발달과업에 따라서 정상과 비정상, 그리고 환경과의 상호작용을 고려한 사정단계에 따라 적절한 개입과 위기관리를 결정하여야 한다. 이를 위하여 클라이언트의 발달단계와 발달과업을 파악하여 클라이언트의 욕구와 문제를 파악하고 연령에 따라 인간발달의 특성을 고려한 전문적인 개입과 사정이 필요하다.

## ♣ 더 생각해보기

1. 인간발달의 원리 및 특성이란?
2. 인간발달 단계에 따른 발달 과업은?
3. 인간발달과 사회복지실천과의 관계는?
4. 인간발달(발달, 성장, 성숙, 학습)의 관계는?

# Note

# 제2부
# 인간성격과 사회복지

제1장 정신역동이론
제2장 인지발달 및 도덕성 발달이론
제3장 인본주의이론

## 제1장
# 정신역동이론

## 1. 개요

정신역동 이론은 프로이트의 정신분석이론에서 출발하였으며 그의 제자들인 아들러, 융 에릭슨 등을 거치며 발전하였다. 인간의 행동을 "정신내의 운동과 상호작용에 초점을 둔 이론으로서 정신이 어떻게 행동을 자극하고 개인의 사회환경에 어떻게 영향을 주고받는지"를 강조한다.

주요학자로 Sigmund Freud의 정신분석이론(무의식), Erik H Erikson의 심리사회이론(점성원리, 자아), Carl Gustay Jung의 분석심리학이론(집단무의식), 그리고 Alfred Adler의 개인심리이론(열등감)이 있다.

## 2. 정신분석이론

1) 생애

- 프로이트는 1856년 오스트리아에서 태어나서 어머니의 지

지와 격려 등 가족들의 사랑을 받았으나 재정적으로 어려움을 겪었다.
- 소년시절에 매우 영리하였고.
- 히스테리에 대한연구(1895년), 최면요법에서 자유연상을 개발(1920년), 꿈의 해석(1900년), 정신생활의 개념모형을 1900년대는 의식, 무의식, 전의식으로, 1920년대는 원초아, 자아, 초자아로 제시하였다.

2) 개요

- 인간의 의식(마음)은 무작위적, 우발적, 우연적인 것이 아닌 사고, 감정 충동 또는 이전에 겪었던 자신이 경험한 무의식의 결과라고 주장하였다. 인간의 정신생활을 의식, 무의식, 전의식으로 무의식의 수준을 더 강조하였다(1900년대).
- 1920년대는 인간의 성격구조가 원초아, 자아, 초자아로 구성되었다고 수정제시
- 행동의 결정요인은 성적(리비도), 공격적 충동에서 발생하고 인간행동은 무의식적 요인에서 결정되며, 행동은 쾌락을 최대화 하고 고통은 최소화한다는 쾌락원리를 강조하나 쾌락원리는 다시 현실원리에 의하여 통제된다고 하였다.

3) 주요내용

정신분석이론의 특징으로
- 인간의 행동은 의식보다는 무의식적 요인의 영향을 많이 받으며

- 어린 시절에 (만5세 이전) 겪었던 경험이 인간의 성격구조에 절대적으로 결정된다고 하였다.
- 인간의 마음은 하나의 욕구를 성취하기 위하여 긴장을 감소시키려고 하나, 사회적으로 허용되는 것이 아니므로 내적 갈등이 초래한다.

(1) 마음의 제1영역으로 의식, 전의식, 무의식으로 주장

---
**정신생활개념모형(인간의식)**

* 의  식: 어떤 순간에 우리가 인식하는 모든 경험과 감각.
         정신생활의 일부분(사고, 느낌, 지각, 기억 등)
         시간이 지나면 전의식, 무의식으로 돌아감
* 전의식: 흔히 이용 가능한 기억.
         어느 순간에는 의식하지 못함,
         조금만 의식하면 인식할 수 있음
* 무의식: 전혀 인식되지 않으나 인간행동의 동기를 결정.
         의식적 사고와 행동을 통제
---

마음의 제 1영역은 정신생활의 개념모형인 인간의식을 의식(Consciousness), 전의식(Preconsciousness), 무의식(Unconsciousness)의 세부분으로 주장하였다.
- 의식은 어떤 순간에 우리가 알거나 느낄 수 있는 모든 경험과 감각을 말하며 지각, 느낌, 기억, 운동 등을 통해 외부세계와 접촉하며 또한 사고, 꿈과 같은 내적세계와 접촉하여 짧은 동안만의 의식적일뿐 전의식이나 무의식 수준이 된다. 의식은 빙산의 일부로서 정신생활에 결정적인 영향을

주는 것은 무의식 이다.
- 전의식은 어느 순간에는 의식하지 못하나, 조금만 노력하면 인식할 수 있는 모든 경험들을 말한다. 즉, 지금까지 살아왔던 고향의 추억, 좋아하는 음식 등을 잠시 잊었으나 생각해보면 알 수 있는 경험들이다. 전의식은 의식 속에는 없으나 기억, 회상 등을 통하여 의식을 하면 인식할 수 있으므로 전의식은 무의식과 의식을 연결하는 통로의 역할을 한다.
- 무의식은 전혀 인식되지 않으나 대부분 인간의 정신생활에서 인간행동을 결정 또는 통제 하는 역할을 한다. 또한 무의식은 하부에서 존재하는 정신세계로서 본능, 충동, 억압 등이 잠재하고 있으며 무의식과정을 깊게 이해하려면 환상과 꿈에 대한 분석을 강조한다. 마치 인간이 캄캄한 지하실에서 있는 것과 같은 상황을 무의식으로 볼 수 있다.

(2) 마음의 제2영역은 성격구조를 중심으로 원초아(id), 자아(ego), 초자아(superego)로 구분, 주장하였다.
- 원초아는 흔히 길들여지지 않는 열정이라 말하며 원초적이고 비구조적이고 법칙이 없는 지식으로서 전 생애동안에 인간성격의 기초가 되며 즉각적이고 본능적인 욕구이다. 무의식 안에 감추어져 있으며 일생동안에 기능과 분별력은 유아적인 수준으로서 성욕이나 공격성과 같은 충동적인 본능적 욕구로서 참을성이 부족하여 즉각적으로 긴장을 감소시켜 쾌락을 추구하기 때문에 쾌락원칙에 따른다.

### 마음의 제 2영역

* 원초아(id): "길들여지지 않는 열정"
    무의식 안에 감추어진 일차적인 정신의힘 쾌락원리
    (일차과정사고)
* 자아(ego): 원초아의 욕구를 현실적 방법으로 충족하는 기능.
    조직적이고 구체적인 정신구조.
    현실원리(이차과정사고)
* 초자아(super ego): 인간의 마음속에 있는 윤리적·도덕적·이상
    적 최고 상태.
    양심과 자아이상의 하위체계.
    보상과 체벌.

• 자아는 원초아의 욕구를 현실적인 방법으로 해결 또는 충족하고자 하므로 원초아에 비하여 조직적이고 구체적인 정신구조로서 인간의 생각과 행동을 조정하는 성격의 조정자 역할을 하기 때문에 사회적으로 수용될 수 있는 현실원리를 추구하려고 노력한다. 현실원칙은 이차과정에 의하여 지켜진다. 즉 타인에게 해를 끼치지 않고 어떠한 심상을 떠올려서 긴장을 감소시키는 것이 아니라 본능적 욕구를 만족시킬 수 있는 현실적인 존재로 만드는 것이다.

• 초자아는 인간의 마음속에 있는 윤리적, 도덕적, 이상적 최고의 중요한 체계로서 현실보다는 이상을, 쾌락보다는 완벽을 추구한다. 즉 사회규범과 행동기준을 내면화 하고 대변한다. 초자아는 태어날 때부터 형성되는 것이 아니라, 출생 이후에 부모나 선생, 그리고 다른 인물들과의 상호작용(보

상이나 처벌 등)에 의하여 형성된다. 초자아는 양심과 자아이상의 하위체계가 존재한다. 인간의 성격구조는 자아가 원초아, 초자아를 적절히 통재하고 조정 할 경우에 건전한 성격이 형성된다고 주장한다.

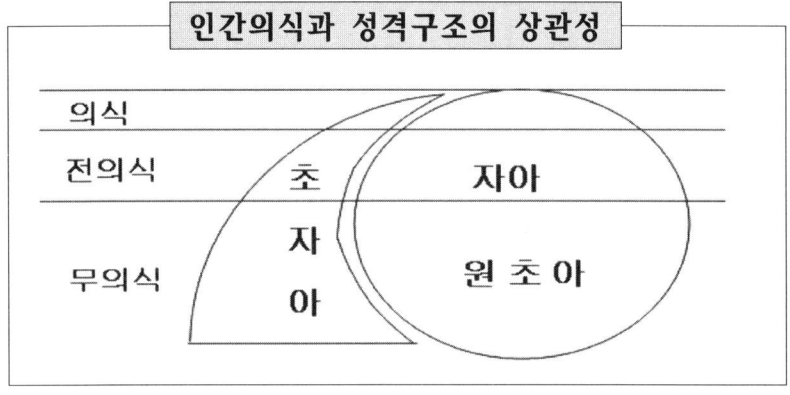

(3) 인간의 본능에는 삶의 본능과 죽음의 본능이 있다.
- 삶의 본능은 생동적인 삶을 가능케 하며 종족번식을 책임지는 각종의 힘을 말한다. 삶의 본능이 가지는 에너지를 리비도(libido)라 하며 성적에너지와 같은 의미로 사용된다.
- 죽음의 본능은 인간행동의 파괴적, 부정적인 힘을 말한다. 이는 인간의 잔인성, 공격, 자살, 살인, 전쟁 등으로 나타나고 있다. 모든 유기체는 자신의 근원인 무생물 상태로 되돌아가려는 충동이 있기 때문에 죽고자하는 무의식적인 소망이 있고 인간의 본능과 관련되어 성적 충동과 공격적 충동의 기본적 충동이 존재한다.

(4) 프로이트는 또한 신경증으로 고통 받는 사람들을 치료하는 데 관심을 보였는데 어머니가 유아의 격리에서 겪게 되는 심리적 충격이 불안의 원천이라고 주장하였다. 이는 현실적 불안, 신경적 불안, 도덕적 불안으로 구분하였다.

(5) 심리성적 발달단계

| 심리성적발달단계 | | | | |
|---|---|---|---|---|
| 단계 | 시기 | 쾌락원천 | 주요내용 | 방어기제 |
| 구강기 (순) | 출생~18개월 | 빠는 것 (입) | 젖떼기 | 구강수동/구강공격 => 투사, 거부, 내면화 |
| 항문기 | 18개월~3세 | 배설훈련 (항문) | 배설과 보류 | 항문공격/항문보유 => 지성화, 반동형성 |
| 남근기 | 3세~6세 | 생식기 | 외디푸스콤플렉스 엘렉트라콤플렉스 | 고착된 남자/여자 =>억압 |
| 잠재기 (복) | 6세~사춘기 | | 동성친구 | |
| 생식기 | 사춘기~ 성인이전 | 성애 | 이성 친구 | 승화 |

• 프로이트는 심리성적 발달은 영아기로부터 시작하여 일련의 발달단계를 거치면서 성감대에 따라서 일련의 예정된 구강기(배고픔), 항문기(배설), 남근기(동성부모와 동일시, 콤플렉스 갈등해결), 잠재기(성적욕구의 잠복, 동성친구), 생식기(이성 친구, 사회화) 등 각 단계마다 리비도인 성적에너지의 활동을 강조하였다.

- 구강기는 출생에서 18개월의 기간을 말하며 빨기 반사에서 쾌락을 추구한다.
  이는 성인이 되어서 껌씹기, 손톱 물어뜯기, 담배피우기 등의 형태로 표현되며 영아기에 지나치게 불충분한 자극을 받은 경우에는 구강 수동적 성격유형(낙관적이고 타인과의 의존적 관계 등)과 구강 공격적 성격유형(논쟁적, 비판적, 냉소적 등)으로 나타난다.
- 항문기는 18개월부터 3세까지를 말하며 배설로부터 쾌락을 추구한다. 이는 부모가 거칠고 억압적일 경우에는 항문 보유적성격(성인이 되어서 완고, 인색, 지나치게 청결 및 규칙준수 등)과 부모가 배변시 통제하는 경우에는 항문 공격적 성격(성인이 되어서 반항적, 공격적 등)으로 나타난다.
- 남근기는 3세부터 6세까지를 말하며 남근이 관심이 되어 성기를 자극하거나 자신의 몸을 보여주거나 다른 사람의 몸을 보면서 쾌락을 추구한다.
- 남자아이는 자신의 어머니를 첫사랑의 대상으로 삼고 아버지를 경쟁자로 생각하며 외디푸스콤플렉스로 인한 거세불안(castration)으로 억압과 반동 형성의 방어기제로 불안을 극복하려하여 아버지를 닮으려 노력한다(동일시). 극복 시에 초자아가 나타나기 시작한다. 여자아이는 아버지에 대한 애착을 발달시키고 남근선망(penis envy)을 하는 엘렉트라콤플렉스를 겪게 된다. 남근을 가질 수 없다는 것을 인식하면서 어머니와 동일시하나 여아의 콤플렉스 극복과정은 제시하지 않았다. 이는 남근기에 고착된 남자는 경솔하고

허풍스럽고 야심이 많으며, 남근기에 고착된 여자는 성관계에서 경박하고 유혹적이며 난잡한 특성을 보인다고 하였다. 특히 남성은 성무력증, 여성은 불감증의 일차적 원인이 된다.
- 잠재기는 6세부터 사춘기까지를 말하며 이는 아동부터 지금까지 자아에 기반을 두고 방어기제도 발달하고, 특히 초자아가 더욱 강화되면서 원초아로 부터 일시적으로 자유로워져서 스포츠, 우정, 지적관심 등으로 표출된다. 특히 성적인 충동은 잠복하여 동성친구에 관심을 갖으며 가족에서 외부세계에 관심을, 리비도인 성적에너지는 친구를 동일시의 대상이 된다.
- 생식기는 사춘기와 함께 성인기에 이르는 시기로서 남녀모두 2차 성징이 나타나서 성적관심이 되살아나는데 그 관심대상은 동성친구에서 이성친구로 변한다. 이시기에 다시 외디푸스콤플렉스와 엘렉트라콤플렉스가 나타나는데 결혼하게 되면 해결된다. 따라서 청소년들은 자신의 쾌락적 욕구에서 타인의 쾌락적 욕구도 동시에 인식하게 된다.

(6) 방어기제

자아의 방어기제는 본인이나 갈등상황에서 나타나며 정상적인지 병리적인지는 방어기제의 강도가 적절한지, 연령에 적합한지, 위험이 사라지면 방어기제가 철회되는지 한 가지를 고정시켜 사용하지 않고 여러 방어기제를 유연하게 선택적으로 사용하는지, 균형을 고려하여 결정하게 된다. 주요방어기제는 다음과 같다(Urdang, 2002).

| 방어기제 | | 주요내용 |
|---|---|---|
| 미성숙 | 부정 | 고통스럽거나 위협적인 실제양상을 인식하지 않고 회피 "약물중독문제, 남편의 바람증거" |
| | 투사 | 자신의 불안을 일으키는 생각이나 감정을 누군가에게 전가 "아내가 이혼의 책임을 남편에게", "망상형 정신분열증 환자", 가족투사과정 |
| | 행동화 | 불안한 감정이나 관련된 관념을 피하기 위한 무의식적 소망이나 충동의 직접적 표현 " 십대들의 비행적 행동" |
| | 수동공격성 | 자신의 공격성을 수동성으로 변장하여 숨김 "청소년의 겉과 속의 다름, 자기로의 전향" |
| | 퇴행 | 불안이 덜한 이전단계로 되돌아감"동생의 태어남" |
| 타협 | 전치 | 노여움의 감정이 실제대상에서 안전한 대상으로 옮기는 것 "직장인이 사장보다는 아내에게 화풀이" |
| | 격리(유리) | 어떤 생각이나 사건과 연관된 감정을 부인 "부모 죽음에 영화관람" |
| | 반동형성 | 불안을 일으키는 행동의 정반대 행동 "미운사람에게 칭찬", "관심을 무관심으로" |
| | 억압 | 불안적요소(기억, 생각)를 무의식으로 보냄 |
| | 합리화 | 변명으로 정당화 하는 것 "신포도형", "레몬형", "투사형", "망상형" |

| 성숙 | 승화 | 성적·공격적 행동을 건설적인 행동으로 전환<br>성적관심에서 예술적 표현 또는 지적활동(프로이트) |
|---|---|---|
| | 유머 | 상황의 심각성을 감소, 갈등을 해소가능<br>최상의 방어기제(프로이트) |
| 기타 | 동일시 | 주위의 중요한 인물들의 태도와 행동을 닮는 것<br>"감정이입", "동정", "내면화" 등 |
| | 취소 | 자신의 충동으로 인하여 상대에게 피해시(죄책감 해소)<br>원상복귀하려는 행위(순간적으로 부모가 아이를 때리고 "아팠지 미안해") |
| | 내면화 | 동일시와 유사(어떤 사람에게 감정을 버리고 자기 것으로 받아들임) "아동이 부모의 속성을 받아들임" |
| | 지성화 | 지식화(감정과 충동억제 → 의견제시)<br>"수줍은 학생이 고백은 못하고 사랑이 뭐냐고 토론"—미해결 |

(7) 치료기법
- 자유연상법: 클라이언트의 마음속에 떠오르는 것을 자유롭게 말하게 하는 기법으로서 저항해석(클라이언트가 억압된 감정이나 생각을 못하는 경우 또는 마지못하여 회상하는 것)과 꿈의 분석이 있다.
- 전이분석: 클라이언트가 이전에 의미 있는 사람에 대하여 사랑이나 미움의 관계를 점차 알게 됨에 따라 스스로 통찰력을 갖게 된다.
- 감정 재교육: 클라이언트의 자기이해를 일상생활에 적용할 수 있도록 한다.

(8) 사회복지실천과의 연관성
- 어떠한 문제에는 원인이 있다는 직선적 원인론 주장→과학적 이론 효시
- 개인의 과거 경험을 중심으로 개별적 접근시도(진단주의 학파)
- 감추어진 정신적 외상(아동기)을 밝혀서 개별사회사업에 기여
- 사회복지사들에게 사람들이 어떻게 행동하고, 왜 그렇게 행동하는 지를 이해하는데 하나의 틀을 제시

♣ 더 생각해보기
1. 인간의식 및 성격구조의 모형이란?
2. 현실원리 및 쾌락원리란?
3. 일차과정사고와 이차과정사고은?
4. 외디푸스콤플렉스와 엘렉트라콤플렉스란?
5. 방어기제의 위계서열은?
6. 심리성적 발달단계란?

## 3. 심리사회이론

1) 생애

- 에릭슨은 1902년 독일의 프랑크푸르트에서 태어났으며 그의 부모는 그가 태어나기 전에 이혼하였기 때문에 어머니 혼자서 키우다가 3살 때 재혼하였다.
- 유태소년들 사이에는 "이방인"으로 불렸으며 특별히 뛰어난 학생은 아니었다.
- 1950년대 아동기와 사회(생의 8단계 제시) 젊은 청년루터(1958년), 간디의 진리(1969년) 등 정신분석적인 통찰을 역사적인 자료에 연결시켰다고 볼 수 있다.
- 특히 인간발달을 전 생애에 접근을 최초로 강조하였고 프로이트가 손대지 않았던 상이한 문화적 여건에서 자라는 아동들의 생활과 정상아동들의 생활에 관한 것 등을 추가로 제시하였다.

2) 개요

- 인간의 발달은 심리사회적인 측면(심리적 성숙 → 심리사회적성숙)에서 이루어진다.
- 인간은 사회적환경과 상호작용을 강조하였다, 즉 내적충동보다는 문화적, 사회적 압력을 강조하였다.
- 각 발달 단계는 특정한 과업이 있으며 이 과업을 해결하지 못할 경우에는 다음 단계로 이동에 제한을 받는 점성원리(epigenetic principle)를 강조하였다.

• 프로이트와 에릭슨 이론의 특징비교

| 주요특징 비교 | 프로이트 | 에릭슨 |
|---|---|---|
| 인간행동의 기초 | 인간행동의 동기를 원초아에 둠<br>→ 생물학적쾌락<br>(무의식, 공격적, 충동적) | 조직적인 정신구조로 자아에 둠<br>→ 사회·역사·문화적 영향<br>(의식, 자율적, 합리적, 이상적) |
| 개인성격 형성 | 개인과 부모와의 관계 | 개인과 부모관계 +<br>사회·문화적 관계 |
| 인간의 성격형성 | 초기 아동의 경험<br>(청년기종결) | 인간의 전 생애 |
| 인간 본능적 추구 | 심리성욕갈등의 해결<br>(무의식) | 사회적 위험, 정신적극복 해결<br>(능력=자아) |
| 심리성욕 갈등의 해결 | 비관론(신경증환자) | 낙관론(건강한 사람) |
| 인간관 | 수동적 | 능동적 |
| 공통점 | 인간의 자아분석에 기초, 인간초기경험을 중시.<br>발달단계는 순서가 불변, 과학적 근거 미약. | |

## 3) 심리사회 발달단계

| 단계 | 심리사회적 위기 | 획득된 심리사회적 영향 | 사회적 관계 |
|---|---|---|---|
| 1. 유아기 (출생~18개월) | 신뢰감 ↔ 불신감 | 희망 | 어머니: 양육의질(고립) |
| 2. 초기아동기 (18개월~3세) | 자율성 ↔ 수치와 의심 | 의지력 | 부모: 스스로 용변보기 (강박적 행동) |
| 3. 유희기 (3세~6세) | 주도성 ↔ 죄의식 | 목적 | 가족: 강한호기심 (생각이나 표현의 억제) |
| 4. 학령기 (6세~12세) | 근면성 ↔ 열등감 | 능력 | 이웃: 자아성장의 결정적 시기(타성) |
| 5. 청소년기 (12세~20세) | 정체감 ↔ 정체감혼란 | 성실성 | 또래집단: 또래관계(유예) 또는 거절 |
| 6. 성인초기 (20세~24세) | 친밀감 ↔ 고립감 | 사랑 | 우정·애정: 자아 정체감 형성(배타성) |
| 7. 성인기 (24세~65세) | 생산성 ↔ 침체성 | 배려 | 직장: 부모역할 (다음세대 양육) |
| 8. 노년기 (65세 이후) | 자아완성 ↔ 절망감 | 지혜 | 동족: 인생회고 |

에릭슨은 심리발달이론을 프로이트와 같이 생물학적 요인에 의해 이루어지지만, 사회조직과 환경과의 상호작용을 중시하면서 8단계를 제시하였다.

각 심리사회발달단계는 두 가지 대립과업으로 제시하며 개인은 위기에서 야기하는 스트레스와 갈등에 적응하려고 노력하면서 발달단계별로 위기를 효과적으로 해결하지 못할 경우는 자아정체감의 혼란이 오며 특히 청소년기의 정체성 형성을 강조하였다.

≪자아정체≫
- 자아정체감은 시간이 변하여도 과거의 자기 자신과 현재의 자신을 같은 존재로 인식하고, 내적 측면으로는 시간적 자기 동일성과 자기 연속성의 인식 또는 동일시하며, 외적측면으로는 문화의 이상과 본질적으로 인식하고 동일시하는 것을 말한다.

≪내적측면≫
- 점성원리는 성장하는 모든 것은 "기초안" 있으며 부분이 발생하여 상호관계 속에서 각 부분이 특별히 우세해지는 시기가 있어, 이 부분들이 모여서 완전하게 기능하여 전체가 이루어진다는 것이다. 이는 인간의 수태 → 탄생 → 성장 → 성숙 등과 같으며, 인간의 발달은 이전발달의 누적을 통하여 이후 발달에 지속적인 영향을 주게 된다.

- 위기는 각 발달단계마다 사회는 개인에게 어떠한 심리적인 요구를 하게 되는데 그 과업을 위기라고 하였다.

- 유아기는 어머니로부터 받는 양육의 질에 따라 신뢰감과 불신감이 형성된다. 기본적인 생리적 욕구나 애정적인 보살핌을 잘 받게 되면 자신과 주변에 대한 신뢰감을 형성하고

양육자의 모호성과 일관성 그리고 부적절한 보호를 받게 되면 불신감이 형성된다. 이러한 영향은 일생에 직접적인 영향을 주며, 이러한 위기가 부적절한 경우는 급성우울증, 정체감혼란, 편집증 등의 행동이 나타난다.

• 초기아동기는 의도적인 행동을 통하여 자율성을 획득하게 되며 언어와 사회적 기준을 배우게 된다. 대·소변가리기 훈련은 자신의 행위에 대한 독립심을 키워 자율성을 개발하는데 중요하나 부모가 너무 엄격하면 자신의 능력에 대한 무력감으로 심한 수치심과 의심을 갖게 되어 고집이 세고 인색하며 소심하여 자신의 책임감을 회피하는 경향이 있다. 특히 이러한 위기를 적절 하게 해결하지 못하면 강박적 행동, 피해망상, 불신감을 갖게 된다.

• 유희기 또는 학령전기는 새로운 것을 해보려는 호기심 및 여러 가지 사회놀이에 참여한다. 아동의 행동은 목표 지향적이고 경쟁적인 성향을 갖게 되는데 부모가 아동의 질문에 대하여 충실히 성의 있게 답하게 되면 주도성이 발달하게 된다. 그러나 부모가 제재를 많이 하게 되면 아동은 자신감을 상실하거나 죄의식을 갖게 되어 성인기에 소극적인 성격, 성적무기력, 불감증 등을 초래 할 수 있다.

• 학령기는 처음으로 교육을 통하여 기초적인 인지적, 사회적, 문화적 기능을 배우게 된다. 이시기에 아동은 사회에서 필요한 기술과 지식을 배우며 작은 사회를 경험한다. 친구

를 통하여 자기 정체성을 확립하고 스스로 또래집단보다도 더 잘 할 수 있다는 우월감, 근면성 획득에 주요한 요소가 되나 이 단계의 과업을 성공적으로 달성하지 못하면 열등감에 빠지게 된다. 이 단계에서는 부모 외에도 교사의 역할이 중요하다.

• 청소년기는 급격한 신체적 변화와 함께 사회적 압력이 나타나기 시작한다. 또한 아동기에서 성인기로 변화하는 전환기로서 자신의 정체성을 형성하는 시기이다. 이시기는 정체감대 정체감혼란의 갈등이 잘 해결될 경우에는 사회적 관습, 윤리, 가치를 지각하여 잘 지키려는 성실성이 발달하나 실패할 경우는 불확실성을 야기한다.

• 성인초기 또는 청년기는 직업을 선택하고, 배우자를 선택하여 결혼을 하게 되며 성적친밀감이나 사회적 친밀감을 갖게 된다. 친밀감은 친구, 배우자, 친척, 동료 등과 서로 주고받고 나누는 능력으로서 긍정적인 친밀감을 갖지 못한 사람은 자신감이 부족하여 타인과의 사회적 관계에서 고립감을 느끼게 된다. 이 단계에서 갈등을 성공적으로 해결하면 다른 사람에 대한 보호, 존경, 책임의 태도를 갖게 되어 사랑으로 나타나게 된다.

• 성인기 또는 중년기는 성인이 경험하는 심리사회적 위기이다. 가정적으로는 자녀를 낳고 교육하며, 직장에서는 다음 세대를 양성하고 사회에서는 여가 활동에 참여하여 다양한 삶의 경험을 통하여 가정과 사회에서 중요한 역할을 하는

인생의 황금기 이다. 생산성을 제대로 획득하지 못하면 침체성이 형성되며, 중년의 위기를 경험하게 된다. 심리사회적 위기를 적절하게 해결하면 배려가 나타나며, 부적절한 경우는 자신의 욕구만 충족하고자 노력하며 원만한 인간관계는 존재 할 수 없다.

- 노년기는 지금까지 자신이 살아온 삶을 돌아보며 죽음에 이르는 시기이다. 자신의 생애가 보람이 있을 경우는 "나는 만족스럽다"라는 통합성을 갖게 된다. 이는 자기수용, 지혜, 두려움 없는 죽음 등을 초월할 수 있는 능력이 생긴다. 그러나 이러한 위기가 적절하지 못할 경우는 죽음에 대한 두려움, 인생에 대한 무의미, 우울증, 피해망상 등으로 나타난다.

4) 사회복지실천과의 연관성

- 클라이언트가 자신의 환경을 효과적으로 해결토록 자아의 강점 활용을 제시
- 클라이언트 진단 시 성격발달 단계별 특징 및 과제에 대한 인식의 필요성 제시
- 인간과 환경적 요인과의 균형의 중요성
- 청소년기의 갈등은 자연스러운 현상(부모와 자식 간)
- 클라이언트의 적절한 위기(자살가능성, 동성애, 가출, 정신장애 등) 개입을 제시
- 놀이치료에 도움을 줌

## ♣ 더 생각해보기

1. 자아정체감과 점성원리
2. 심리사회 발달단계의 발달과업(심리사회적위기)과 사회적 관계

# Note

# 제2장
# 인지발달 및 도덕성 발달이론

## 1. 개요

　Jeam Piaget의 인지발달이론, B.F. Skiner의 행동주의이론, Albert Bandura의 사회학습이론, 그리고 Lawrence Kohlberg의 도덕성 발달이론이 대표적이다.
　피아제의 인지발달이론은 아동의 사고과정과 정보의 획득과정을 연구하여 인간의 심리과정을 인지의 기능과 발달에 따라 설명하였으며, 의사결정에서 의식적인 사고과정을 중요시 하였다. 스키너는 인간의 행동이 심리적변화가 아닌 외적 자극과 환경의 영향에 의하여 변하며, 이는 일정한 법칙성으로 결정된다고 하였다. 반두라는 아동들은 단지 타인을 관찰하고 학습한 결과에 따라 성격결정요인으로 보았다.
　그리고 콜버그는 아동이 사회적 맥락 속에서 도덕적 문제를 어떻게 생각하고 경험하는 것에 따라서 도덕성이 발달한다고 주장하였다.

## 2. 인지발달이론

1) 개요

- 피아제는 1896년 스위스에서 태어났으며 10세 때에 백변종 참새에 관한 논문, 21세에 연체동물에 관한 논문으로 동물학박사학위를 취득하였다.
- 아동의 사고능력은 내적요인(유전적)뿐만 아니고 개인과 환경과의 상호작용을 통하여 인지구조가 수정된다고 보았다. 즉 아동이 얼마나 많이 아는 것 보다는 어떻게 사고하는지에 관심의 초점이 되었다.
- 따라서 인지발달은 아동이 자신의 경험을 통하여 인지적 구조를 만들어 가는 자발적인 과정으로서 성숙할 때 까지 계속 된다고 하였다.
- 이러한 경향으로 보존, 도식, 평형 등과 같은 기본 개념을 강조하였다.

2) 주요개념

---
**주요개념**

* 보존: 양적차원은 동일, 모양의 차원은 상이
* 도식: 조직화된 행동의 연속(동화: 이해의 틀로 인지, 조절: 자신의 이해의 틀을 수정)
* 평형: 생득적 경향
* 기타: 가역성, 단계, 조직화, 상보성
---

피아제의 이론은 두 가지 점에서 특징이 있는데 첫째는 아동들이 동일한 순서(불변의순서)를 거쳐 나가며, 둘째는 발달단계(발달순서)가 유전적으로 결정되어져 있는 것이 아니라 사고방식이 점점 더 포괄적으로 나타난다고 주장하였다.

(다른 성숙론자 들은 발달순서가 유전자 속에 있어서 내적 시간표에 의하여 발달한다고 주장) 이러한 경향성들로 크게 동화, 조절, 조직화 등을 강조하였다.

- 보존에서 질량은 양적차원(양, 수, 무게)에서는 동일하지만, 모양의 차원에서는 변할 수 있음을 연령대가 다른 아이들에게 액체가 들어있는 두 개의 컵을 가지고 실험한 결과이다(6세 이전: 눈의 지각에 의지, 6세 이후: 추상적 인지수준).
- 도식은 인간이 인지발달수준에 따라 자신의 경험활동에 의하여 조직화된 행동의 연속이다. 일종의 대상이나 사물에 대한 청사진이다(아동이 소를 보고 "개다"라고 하는 행위). 도식은 주위환경 속에서 조화를 위하여 변화하는데, 이는 생존하기 위하여 변화하는 과정으로서 적응이라고 한다. 피아제는 적응에서 동화와 조절의 두 과정으로 보았고 동시에 작용한다고 주장하였다(동화: 어떤 대상이나 자극에 대하여 자신이 이미 가지고 있는 도식=이해의 틀에 맞게 받아들이는 인지적 과정, 조절: 자신이 가지고 있는 기존의 도식에 적합하지 않는 경우는 새로운 대상을 자신의 이해의 틀에서 수정=도식 하는 인지적 과정).
- 평형은 개인과 환경과의 균형을 말하며 동화와 조절의 상

호작용 결과로서 생득적인 경향을 갖는다.
- 가역성은 사물을 이동시킨 후 다시 원래의 출발점에 되돌려 놓는 것과 같은 작용을 말한다.
- 단계는 점성원리에 기초한 발달적 수준으로서 단계 순서는 불변적이고, 성장과정이 질적으로 상이한 기간으로 나누어지며(구체적 조작기와 형식적 조작기의 사고), 일반적인 특성을 가지고 있고 모든 문화에서도 같은 순서로 진행된다고 주장하였다.
- 조직화는 우리가 인지한 것을 인지적 구조 속에서 체계화한 것을 말한다(빨기, 잡기, 보기 → 보는 행동과 잡는 행동을 조직화). 즉, 서로 다른 정보나 도식들을 상호 연결시키는 것이다(Ginsbung, 1985).
- 상보성은 한쪽에서 보충되어 전체적으로는 변화가 없는 것을 말한다.

3) 인지발달단계

```
                    인지발달단계

* 감각운동기(0~2세): 자극에 대한 반응(자기와 환경을 구분)
                  대상 영속성발달, 사회적 애착
* 전조작기(2~7세): 자아중심적 추론, 상징적 표상사용(언어)
                인지능력발달(분류, 연속성, 보존)
                물활론, 비가역성, 집중성, 대상영속성 확립
* 구체적 조작기(7~11세): 경험에 기초한 논리적 사고 발달
* 형식적 조작기(11~성인기): 추상적 사고
```

피아제는 인지발달이 연속적으로 이루어지며 이는 유전적 기질과 환경과의 상호 작용의 결과(성숙, 물리적 경험, 상호작용)로서 인지발달을 감각운동기, 전조작기, 구체적 조작기, 형식적 조작기의 네 단계로 구분하였다.

- 감각운동기는 아기들은 외부세계에 대처하기 위하여 빨기, 쥐기, 때리기와 같은 신체적 행동도식들을 조직화하며 여섯 단계로 세분화 된다
  - 반사작용(출생~1개월): 보기, 쥐기, 때리기, 차기와 같이 외부환경에 대처하기 위한 행동패턴(도식)으로서, 첫 도식은 빨기 반사이며, 모든 대상을 빨기 도식에 동화시킨다.
  - 1차 순환반응(1~4개월): 아기는 우연히 새로운 경험에 대하여 흥미를 끄는 행동을 반복하려고 노력하며, 아기의 여러 신체 부분들이 협응하는 반응이다(구성 과정 또는 손 움직임과 쳐다보기의 통합).
  - 2차 순환반응(4~10개월): 아기가 그 자신이 아닌 외부에서 흥미로운 사건들을 발견하고 이를 다시 반복하려 할 때 나타난다. 즉 재미있는 광경을 지속시키려는 행동이며 사건을 재차 만드는 능력을 즐기게 된다. 대상 영속성의 개념이 나타나기 시작하는 단계이다
  - 2차 도식의 협응(10~12개월): 유아의 행동은 단일행동(3단계)에서 좀 더 분화되어 좋은 결과를 얻기 위하여 분리된 도식을 협응하는 단계이다(시간과 공간의 발달을 이해).

- 5단계(12~18개월): 3차 순환반응 단계로서 유아가 수단과 목적의 관계를 단순히 반복하는 것이 아니라(3단계: 단일한 결과, 4단계: 두 가지 분리된 행동으로 결과) 적극적인 탐구를 통하여 새로운 결과를 탐색하게 되는 단계이다. 스스로 학습하여 외부세계에 대한 호기심으로 도식이 발달하게 된다.
- 6단계(18개월~2세): 사고의 시작 단계로서 유아는 좀 더 내면적으로 사고하여 행동하기 때문에 작은 과학자이며, 어떠한 문제를 해결하기 위하여 상징이나 이미지를 인지적으로 조합 또는 조정하기도 한다. 일정한 시간이 지난 후 눈앞에 없는 모델의 행동을 재현 할 수 있는 지연된 모방을 할 수 있다.

  1단계와 2단계는 외부에 사물이 존재하는 것을 모르나 3단계에서 외부세계에 관심을 갖기 시작한다. 4단계에서 대상영속성이 나타나기 시작하며 5단계에서는 유아가 옮겨 놓은 것을 볼 수 만 있다면 위치 이동을 이해한다. 그러나 보이지 않는 위치 이동은 이해하지 못하며, 6단계에 와서 비로소 위치이동을 이해할 수 있다.

• 전조작기의 유아는 상징적 표상으로서 말을 사용하며, 또한 대상영속성이 확립되고 직관적 사고를 하지만, 추상적이고 논리적인 사고는 아직 어렵다. 따라서 이 시기는 보존, 서열화, 분류 등은 불가능하며, 이시기에 사고를 나타내는 것으로 자아중심성, 과학적 추리(집중성), 물활론, 상징놀이, 도덕적 판단 등이 있다.
  - 자아중심성은 유아가 외부세계에 대하여 다른 사람들의

생각이나, 감정, 지각 등이 자신과 동일하다고 생각하는 것으로서 공간 지각과 언어에서 명확하게 나타나고 있다
- 과학적 추리는 유아가 한 가지의 상황에만 집중하고 다른 상황은 무시하는 직관제규제를 말한다(똑같은 높이의 물의 양이 있는 두 개의 컵 → A컵은 그대로, B컵은 뾰족 또는 넓은 컵으로 옮겨서 질문 → 두 가지의 하위단계가 나타남 = 두 차원을 미 이해).
- 물활론은 유아들이 생물과 무생물사이의 구별을 못하고 생명이 없는 대상에게도 생명과 감정을 부여하여 모두 살아있는 것으로 아는 것이다.
- 상징적 기능은 유아가 눈에 보이지 않아도 어떠한 사물이나 행동을 표상하기 위하여 상상놀이, 언어 등을 통하여 나타내는 능력을 말한다(소꿉놀이, 병원놀이 나무토막으로 총 놀이).
- 도덕적 판단은 타율성과 자율성으로 구분하였는데, 10세 이전 까지는 성인들에 의해 부여된 규칙에 복종해야하는 타율적 도덕성을 지향하나, 10세 이후는 또래들과의 상호작용을 통하여 모든 사람들이 동의만 한다면 규칙을 변경시킬 수 있다는 자율성이 발달한다고 보았다.
• 구체적 조작기는 아동의 사고능력은 안정되고 일관성이 있으며 경험에 기초한 논리적인 수준으로 발달하게 된다. 이 시기는 아동의 사고가 현실에 존재하며 관찰이 가능한 구체적인 사건에 한정되고 추상적인 사고는 불가능 하다. 일반적으로 분류화(유목화), 보존개념 획득, 서열화, 탈중심화, 자율적 도덕성을 획득한다.

- 분류화는 대상을 일정한 특징에 따라 다양한 범주로 나누는 능력으로서 형태, 색상, 무늬, 크기 등을 말한다 (벽돌을 크기에 따라, 색깔에 따라, 모양에 따라 구분하는 것).
- 보존개념획득은 어떤 대상이 외적형태가 변하여도 물질의 한측면(실체나 무게)은 동일하게 남아 있는, 즉 형태나 위치 등은 변할 수 있다는 것을 이해하는 것을 말한다. 이시기에 아동은 동일성, 보상성, 가역성(역조작)을 이해하게 되기 때문에 보존개념을 획득하게 된다(보존개념의 획득의 전제요소).
    * 동일성: 더 붓거나 더 빼지도 않았기 때문에 본래의 양은 그대로다.
    * 보상성: 어떤 차원에서의 변화(더 길고, 더 넓고)는 다른 차원에서 얻어지므로 그대로다
    * 가역성(역조작): 어떤 변화과정을 역으로 가면 본래의 상태로 되돌아가므로 그대로다
- 서열화는 특정한 속성이나 특징을 기준으로 하여 상호관계에 따라 사물을 순서대로 배열하는 능력을 말한다. 전조작기에서는 가장 짧은 것과 가장 긴 것을, 구체적 조작기에서는 가장 짧은 것에서부터 가장 긴 것을 배열할 수 있다.
- 탈 중심화는 한 가지 변수보다는 다양한 변수를 고려하여 상황과 사건을 파악할 수 있다.
- 자율적 도덕성은 규칙이란 상호 합의에 의거 또는 서로 동일할 경우는 변화가 가능하다고 사고하며 행위자의 결

과 보다는 행위자의 동기를 더 중시한다.
- 형식적 조작기는 추상적이고 가설적이며, 가장 성숙되고 최고의 인지적 조작이 가능한 단계로서 추상적 사고, 가설 연역적 추리, 조합적 사고가 발달하게 된다.
  - 추상적 사고는 실제로 혹은 구체적인 자료나 경험이 없어도 어떠한 사물이나 사건을 머릿속으로 생각해 낼 수 있는 사고를 말한다.
  - 가설 연역적 추리는 어떠한 가설을 일반적인 원리를 근거로 하나의 문제해결 가능성을 끌어내는 사고가 가능하다.
- 조합적 사고는 하나의 문제를 해결하기 위하여 여러 가지의 해결 가능한 해결책을 논리적으로 구성하여 문제를 해결하는 사고를 말한다.

4) 사회복지실천과의 연관성

- 어른과 아이의 사고방식은 다르며 어른이 가르치는 데로 아이는 배우지 않는다(클라이언트의 지각 현실 = 인지발달의 중요성).
- 교육과정 구성에 영향
- 상황속의 인간으로 개인과 환경의 상호작용으로 인지구조가 수정(인지장애 및 인지치료)
- 훈련이나 교육(학습)효과를 무시(아동 스스로 인지 구조를 발달시킨다고 주장)
- 개인적 편견(제한된 관찰)

## ♣ 더 생각해보기

1. 인지발달의 기본요인은?
2. 인지발달의 주요개념(보존, 도식, 동화, 조절, 평형)은?
3. 대상영속성이란?
4. 물활론, 상징놀이, 도덕적 판단은?
5. 인지발달 단계 및 주요특징은?

제2부 인간성격과 사회복지 **55**

## 3. 행동주의이론

1) 개요

- 스키너는 1904년 미국에서 태어나서 화목하고 안정된 가정에서 성장하였으며, 인간과 동물의 행동에 관심을 가졌다. 특히 변호사인 아버지의 보상과 벌을 강조한 훈육 속에서 성장하였다(학습이론).
- 행동주의는 관찰할 수가 있고, 측정 가능한 행동에 초점을 두기 때문에 무의식은 제외한다.
- 인간의 행동은 내적 충동보다는 외적 자극(환경의 자극이나 강화)에 의하여 동기화 된다.
- 인간은 보상과 처벌에 따라 유지되는 기계적인 존재이다(법칙적 결정).
- 인간의 행동은 강화의 원리에 따라 결정된다(ABC 패러다임).
- 건전한 성격은 강화된 행동이 습관이 되고, 이 습관이 성격의 일부가 되며 일반화는 자극에 대한 변별능력이 적절하게 발달하게 되면, 건전한 성격을 형성할 수 있다.
- 따라서 인간은 자신의 운명을 스스로 결정할 수가 없고 (자율적 인간관의 부정) 내적인 창조적임 보다는 외적 자극 그리고 법칙성(환경적 통제)으로 결정되며, 이는 환경적 자극에 의하여 동기화되기 때문에 강화원리를 강조한다.

## 2) 주요개념

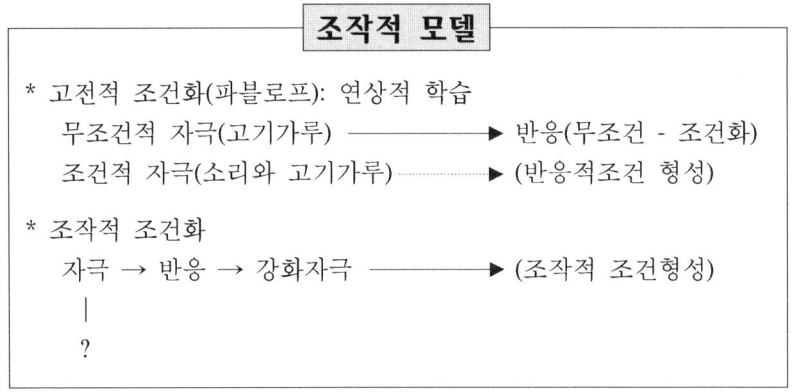

스키너는 파블로프가 연구한 고전적 조건 형성은 반응적 조건형성으로 보았다. 이러한 행동은 이미 알려진 자극에 의해 자동적으로 유발되는 반응으로써 학습의 효과는 없다.

다시 말하면 음식을 섭취하면 자동적으로 타액이 유발되며 큰소리의 소음은 자동적으로 놀라게 되는 행동, 즉 놀라는 반응을 유발한다(눈 깜박임, 타액분비반응 등). 따라서 인간행동의 결과가 유익하여 더 강화를 받게 되면, 그 행동은 반복되는 경향이 있고 더욱 강력해진다. 즉 조작적 조건형성을 강조하였다.

## 3) 조건형성의 원리

- 변별자극은 주어진 자극에 대하여 선택적으로 반응을 보이는 것으로서 어떠한 행동이나 반응이 바람직한 결과를 얻을 수 있는지를 알 수 있는 신호이다. 이는 불빛에 따라 작업량, 웃고 있는 사람에게의 접근시 긍정적인 결과, 빨간

사과와 파란사과 중 맛의 차이 등은 반응이 일어날 가능성을 높게 한다. 건강한 성격은 일반화와 변별의 능력을 혼합한 결과로 발달한다고 주장하였다(이근홍, 2008).

---

**조건형성의 원리**

* 변별자극: 주어진 자극에 선택적으로 반응
* 자극일반화: 자극과 유사한 자극시 비슷한 반응
* 강화와 소거: 정적강화(자극제공)와 부적강화(혐오스런 자극제거)
  반응이 약화 또는 사라짐(즐거운 결과)
* 행동조성: 점진적인 학습
* 행동연쇄: 통합된 반응 연쇄
* 처벌: 보편적인 통제
* 강화계획

---

- 자극 일반화는 어떠한 상황이 일어났던 행동(반응)은 유사한 상황에 대해서도 반응이 나타나는 것으로서, 아버지를 보면 '다다'라고 말하고 낯선 어른에게도 '다다'라고 하는 경우이다.
- 강화와 소거는 유아기에서부터 시작하여 인간의 행동은 강화자극에 의하여 통제될 수 있다고 주장하였다. 강화는 특정한 행동에 보상을 제공하여, 행동에 대한 반응을 더 강력하게 하는 어떤 활동들이다.
  강화에는 정적강화(반응의 비율을 증가하기 위하여 자극을 제공)와 부적강화(불쾌하거나 혐오스러운 자극을 제거하여 반응의 가능성을 높임)가 있다.

소거는 더 이상 강화되지 않아서 반응이 약화 또는 사라지는 경향을 말하며, 문제 행동의 빈도를 줄이는 것이다.

행동조성은 유기체의 행동이 바람직한 행동에 가까워질 때까지 점진적으로 행동을 형성해가는 과정(점진적 접근법)이다(Engler,1991) (예: 비둘기에게 벽면의 하면을 쪼도록 학습).

- 행동연쇄는 비록 행동이 점진적으로 조성 된다고는 하지만, 결국은 좀 더 길고 통합된 반응형태로 발달하는 것을 말한다(예: 야구에서의 타격행동).
- 처벌은 어떠한 행동을 제거하는 것으로서 현대생활에서 보편적인 통제기법이다. 스키너는 벌주는 것을 반대하였으며 부작용을 유발한다고 하였다(예: 학교에서 꾸지람을 들었을 경우-두려움 때문에 공부하거나 공부를 피하는 행동 사이에서 갈등). 아동들에게 벌보다는 소거 시키는 방법이 바람직하다고 강조하였다.

### 강화 계획

* 연속적 강화: 규칙적인강화
* 간헐적 강화: 반응의 시간(간격계획)과 반응의 회수(비율계획)
  - 고정간격계획: 특정한 시간이 지난 후 보상(규칙적)
  - ▶ 변수간격계획: 시간의 불규칙
  - 고정비율계획: 미리 정해진 생산목표달성
  - ▶ 변수비율계획: 필요한 반응의 수가 무작위

강화계획은 조작적 행동이 습득되고 유지될 수 있도록 강화가 제시되는 조건과 같은 규칙을 말한다(이근홍, 2008).

인간의 일상생활에서 모든 행동이 매번 연속적으로 강화되는 경우는 드물고, 대신 간헐적으로 강화되는 것을 스키너는 강조하였다.

연속적 강화는 어떤 행동이 일어날 때마다 강화물을 제시하며, 간헐적 강화는 어떤 행동이 일어날 때마다 강화물을 제시하지 않고 주기적, 가끔 띄엄띄엄 간헐적으로 불규칙하게 강화물을 제시하는 것을 말한다.

이것은 다시 강화를 규칙적으로 제시하는 고정계획, 불규칙으로 제시하는 변수계획으로 나눌 수 있으며 고정간격계획, 변수간격계획, 고정비율계획, 변수비율계획으로 이루어진다.

- 고정간격계획은 특정한 시간간격을 정해놓고 그 기간이 경과한 후에 강화를 주는 것이다(예: 월급, 중간 및 기말고사 등).
- 변수간격계획은 일정한 시간의 한도 내에서 강화사이의 간격을 불규칙하게 강화를 주는 것이다(예: 수시 또는 불시시험).
- 고정비율계획은 미리 정해진 행동이 일어난 다음에 강화를 주는 것이다(예: 상품의 판매량에 따라 보상).
- 변수비율계획은 강화를 받는데 필요한 반응의 수가 어떤 정해진 평균치 범위 안에서 무작위로 변하여 다음의 강화를 예측할 수 없는 것이다(예: 슬로머신, 경마).

스키너는 네 가지 강화계획들 중에서 변수비율계획, 고정비율계획, 변수간격계획, 고정간격계획의 순으로 가장 높은 반응을 지속적으로 유지시킨다고 주장하였다. 또한 매개물로 사용하는 강화인자는 물질적 강화인자(음식, 금전, 옷 등), 상징적 강화인자(토큰, 스티커 등), 사회적 강화인자(칭찬, 인정, 승인 등) 등이 있다.

4) 사회복지실천과의 연관성

- 원조의 초점을 인간의 내적 갈등에서 외적 행동으로 변환
- 환경의 중요성 강조(인간의 내적요소를 경시)
- 클라이언트의 행동수정은 가능
- 학습의 중요성(조작을 통한 인간변화 가능성)
- 동물실험=인간에게 적용은 문제(일반적 법칙성)

♣ 더 생각해보기
1. 조작적 모델(고전적 조건화-조작적 조건화)이란?
2. 조건형성의 원리(변별, 일반화, 강화와 소거, 벌, 행동조성)를 설명하기.
3. 강화계획(연속적·간헐적 강화)이란?
4. 다양한 개입방법(체계적 둔감법, 홍수법, 토큰강화, 모델링)에 대한 서로 토론하기

## 4. 분석심리학이론

### 1) 개요

- 융은 1875년 스위스에서 태어났으며 부모의 결혼생활이 긴장의 연속이었기 때문에 어린 시절에는 외롭게 보내면서 꿈, 공상, 환상 등에 몰두하게 되었다.
- 융은 프로이트 이론에 흥미를 갖게 되었으나 모든 무의식적 사건을 성적 충동으로 주장하는 것에는 학문적 차이를 보였으며, 꿈과 환상을 계속적으로 연구하여 여러 문화의 신화와 예술 속에서 보편적이고 무의식적인 갈망과 긴장의 표현을 발견하려고 노력하였다.
- 인간의 마음은 개인의 경험을 종합한 것 이상이며, 인간은 목표와 방향 감각을 주는 집단 무의식에 융합되며 이것이 모든 인간의 일부분이 된다고 주장하였다.

### 2) 주요개념

---
**주요개념**

* 자아(ego): 의식의 문지기 역할
* Persona(자아의 가면): 외부세계에 나타나는 이미지
* Anima와 Animus: 양성적 성질 보유
* 음영: 의식의 이면
* 원형(선험적 이미지): 표상 불가능한 무의식, 선험적 이미지
* 개인적 무의식과 집단 무의식: 음영의 대부분 ↔ 공통적(원형, 아니마와 아니무스)
---

융은 무의식에 주된 관심을 가졌으나, 포괄적인 성격이론을 분석 심리학이론으로 체계화 시켰다. 주요개념으로 자아, 페르소나, 아니마와 아니무스, 음영, 원형, 개인적 무의식과 집단 무의식, 그리고 자기(self), 자아의 태도(외향성과 내향성) 등이 있다.

- 자아는 의식의 개성화 과정에서 생기며 의식적인 지각, 기억, 사고, 감정을 포함하며 의식의 문지기역할 한다. 이는 세계를 지각하는데 선택적이다.

- 페르소나는 자아의 가면으로서, 개인이 외부세계에 표출하는, 이미지 혹은 가면으로서 개인이 사회적 요구에 반응하는, 즉 사회에 적응하기 위해서 나타나는 사회적 모습을 말한다.

- 아니마와 아니무스는 꿈과 환상, 문학 등에서 나타나는데 아니마는 무의식에 존재하는 남성의 여성적인 측면, 아니무스는 여자의 남성적 측면이다. 따라서 인간은 양성적 성질을 보유하며 각각의 호르몬을 분배하는데, 남성은 여성적 측면, 여성은 남성적 측면이 억압된다고 보았다.

- 음영은 의식의 이면으로서, 동물적 본성을 포함하며 자신의 부정적인 측면으로써 무시되고 소외시 되는 마음의 측면이다. 사회생활을 위하여 동물적 본성은 자제하고 페르소나를 발달시켜야 하며, 자아와 음영을 적절하게 조화를 시켜야 인간생활에 활력과 추진력이 넘치게 된다. 또한 인간 사이에 일어나는 모든 갈등은 음영투사로 인해 생긴다고 주장하였다.

- 원형은 어떠한 것이 만들어지게 되는 기본모형으로서, 표상 불가능한 무의식적이고 선험적 이미지로서, 인류의 가장 원초적인 행동 유형이다. 출산, 죽음, 신, 나무, 태양, 어머니 등과 같은 원형을 구별하여 논의 하였으며 대표적인 원형으로 페르소나, 아니마와 아니무스, 음영 등을 말할 수 있다.

- 무의식을 두 개의 층 즉, 개인적 무의식과 집단적 무의식으로 주장 하였다 개인적 무의식은 프로이트의 전의식과 유사하며 개인이 살아오면서 개인이 잃어버리거나 억압해 왔지만 언젠가는 의식하였던 모든 성향과 감정을 말한다. 음영의 대부분은 개인적 무의식이며 개인적 무의식은 인생관, 가치관 등에 영향을 준다. 집단적 무의식은 모든 개인의 정신이 공통적으로 가지고 있으며 개인의 경험과는 관계없이 모든 인류에게 집단적, 공통적으로 유전되어 왔으며 인간의 행동에 많은 영향을 미친다.

- 기타 자기는 성격 전체의 일관성, 통합성, 조화를 이루려는 무의식적 갈망으로 성격의 상반된 측면을 균형 있고 조화롭게 만들려는 내적 충동으로서 모든 성격 체계를 통합 할 수 있는 조정자 역할을 한다.
  이는 자아와의 협력으로 자아실현이 가능하며 자기는 인간행동의 동기를 유발한다. 외향성과 내향성은 정신에너지인 리비도가 객관적 세계를 지향하는 경우는 외향성이며(남성적, 적극적, 능동적), 리비도가 주관적 세계를 지향시는 내향성(여성적, 소극적, 수동적)을 지향한다. 모든 사람은 어느 한쪽이 상대적으로 우세시에 자아의 태도가 결정된다.

## 3) 성격발달단계

**성격발달단계**

* 아동기(출생~사춘기): 부모에 의존, 아동기 후반에 자아형성
* 청년기와 성인기(사춘기~40세 전후): 외향적 팽창시기
* 중년기(40세경): 정신적 변화 => 개별화
* 노년기: 생의 본질을 이해

   융은 에릭슨처럼 연령별로 명확한 발달단계를 구분하여 제시하지 않았으며, 아동기에는 자아가 형성되지 않으나 중년기와 노년기에서 성격의 발달을 중요하게 보았다. 그는 성격발달을 아동기, 청년기와 성인기, 중년기, 노년기의 4단계로 나누었으며 성격의 발달은 자아, 개인적 무의식, 집단적 무의식이 서로 교류함을 중요하게 주장 하였다.

- 아동기는 신체적 본능에 의하여 지배되며 의식적인 자아가 형성되지 않은 시기이므로, 심리적인 문제는 없다. 따라서 부모의 영향을 크게 받으며 5세 이전부터 성적 리비도가 나타난다.
- 청년기와 성인기는 사춘기가 되면서 정신적으로 성숙해지기 시작하는데, 이 시기를 생의 전반기로 보았다.
  외적, 신체적으로 팽창하는 시기이며 자아가 발달하고 외부세계에 대처할 역량이 발휘된다. 젊은이들은 다른 사람들과의 교제를 통하여 사회적 보상을 많이 요구하게 되고 가정을 이루어서 사회적 성공을 얻기 위하여 남자는 남성적 측면을 여성은 여성적 측면을 발달시킨다. 이 시기는 외부환경

에 적절하게 대처하고 잘 적응해야 하기 때문에 내향적인 사람보다는 외향적인 사람이 더 잘 적응할 수 있다.
- 중년기는 대부분 삶에 잘 적응하여 상당한 만족감을 얻는 시기이다. 성격의 변화가 일어나서 중년기 위기를 맞이할 수도 있다. 또한 이시기는 자기를 실현하는 과정을 시작하는 시기로서 의식과 무의식을 성공적으로 통합하게 되면 긍정적인 건강상태인 개체화가 이루어진다. 중년기의 문제 원인을 찾아냈으며 중년기는 금전, 위신, 명예 혹은 지위에 지배받지 않는다고 주장하였다. 중년기 성격 원형에도 본질적인 변화가 나타난다(페르소나: 분해 혹은 사라짐, 음영: 인간본성을 이해, 아니마와 아니무스: 화해).
- 노년기는 모든 인간을 자신이 살아온 생의 본질을 이해하고 뒤돌아보게 된다. 노인은 명상과 회고가 많아지고 죽음의 불가피성을 받아들이고 인간적인 온정을 베풀며 자신의 삶을 위하여 최선을 다하고자 한다.
그는 죽은 후의 삶도 연속으로 보았으며 죽은 자도 노인과 마찬가지로 존재에 대한 물음을 계속 갖는다고 하였다.

## 4) 사회복지실천과의 연관성

- 내적 경험의 중요성 제기
- 인간본성의 양면성
- 중년기 마음에 관한연구(심리적 위기, 잠재력 개발 등)
- 실증적인 검증 등 모호성
  ※ 수용, 전이, 적극적 명상, 꿈 및 그림분석, 내부세계와 관계 맺기 등

♣ 더 생각해보기

1. 주요개념: (의식: 자아, 페르소나. 개인무의식: 음영, 집단무의식: 원형, 아니마 아니무스)
2. 성격발달단계와 발달과업은?
3. 중년기의 개별화는?

## 5. 개인심리이론

1) 개요

- 아들러는 1870년 비엔나에서 5남2녀 중 셋째로 태어났으며, 동생의 출생으로 어머니의 사랑을 빼앗겨서 결국은 회복하지 못하고 형에 대한 질투와 친구들한테도 열등감을 느껴서 불행한 어린 시절을 보냈으나, 아버지의 꾸준한 신뢰로 학교생활에서는 비교적 성적이 좋았다.
- 프로이트와 이론적인 격렬로 다른 사람들과의 사회적 상호작용을 중시하는 개인심리학을 발전시켰다.
- 즉 인간은 성적 만족도(리비도에 대한 거부감)보다는 우월감을 추구하며 인간의 성격은 가족 및 사회적 요인에 의거 성격이 발달한다고 보았다.
- 또한 1차 세계대전을 경험하면서 가족 구성원의 생활양식, 가족구조, 출생서열 등에 관심을 보였다.
- 총체적이고 사회적이며 목표지향적인 인간관을 강조하면서 역동적이고 창조적인 힘으로 자기 삶을 결정하며, 행동은 자신의 주관에 따라 결정한다고 하였다.

## 2) 주요개념

---
**주요개념**

* 열등감과 보상: 긴장의 자극(잠재력 개발)
* 우월성 추구: 인간의 공통적인 동기
* 생활양식: 독특한 형태
* 사회적 관심: 사회에 공헌
* 창조적 자아: 환경을 창조
---

아들러의 개인심리이론은 인간이 성적만족도 보다는 우월감을 추구하며 부모와 자녀와의 관계, 형제관계 출생순위 등이 성격발달에 영향을 주며 열등감과 보상, 우월성 추구, 생활양식, 사회적 관심, 창조적 자아 등을 강조하였다.

- 열등감은 어떠한 사람이 특정한 문제에 적응 또는 해결하지 못하여 생기는 것으로서 모든 인간은 안정을 추구하므로 동기를 유발하는 요인이 될 수 있다. 즉 선천적 또는 후천적으로 약하거나 기능이 저조한 것을 말한다.
- 보상은 인간이 잠재력을 발휘하도록 돕는 긍정적인 반응으로서 신체적 약점이나 결함을 노력과 연습으로 충족하려는 시도의 결과이다.
- 우월성 추구는 인간의 공통적인 동기로서, 열등감을 성취하려는 욕구에서 나오며 모든 인간이 갖는 기본적인 동기로서 긍정적 경향(이타적)과 부정적 경향(이기적)이 있다.
- 생활양식은 자아, 성격, 개성, 행동, 습관으로서 4~5세경에

가족관계 및 사회적 경험에서 형성되며, 사회적 관심과 활동 수준에 따라 구분할 수 있다.
- 사회적 관심은 각 개인이 공동사회의 목표를 달성하는데 (사회적 충동에 의거 동기화), 사회에 공헌하려는 성향을 말한다.
- 창조적 자아는 인간이 자신에게 주어진 조건과 환경, 경험 등을 자신의 삶을 만들어 가는데 환경에 적합하도록 자신을 창조하는 것이다. 즉 유전과 환경은 재료이고 디자인은 창조적 자아로 볼 수 있다.

3) 성격 유형

| 성 격 유 형 | | |
| --- | --- | --- |
| 지배형 | 활동수준(↑), 사회적관심(↓) | 비사회적방법 |
| 획득형 | 활동수준(↔), 사회적관심(↓) | 기생적방법 |
| 회피형 | 활동수준(↓), 사회적관심(↓) | 도피 |
| 사회적으로 유용한 유형 | 활동수준(↑), 사회적관심(↑) | 표본형 |

아들러는 일, 우정, 사랑과 결혼 등의 인생과업에 따라 생활양식 태도의 유형으로, 성격을 사회적 관심(개인적 이익보다는 타인과의 협력)과 활동수준(삶의 문제를 해결하는데 개인의 에너지)을 기준으로 지배형, 획득형, 회피형, 사회적으로 유용한 유형으로 나누었다.

- 지배형은 독단적이고 공격적이며 비사회적인 방법으로서, 사회적인 인식이나 타인의 안녕은 관심이 없게 행동하는 유형이다.
- 획득형은 기생적인 방법으로서, 다른 사람과는 관계를 맺어서 의존하여 개인의 욕구를 충족시키는 행동을 한다.
- 회피형은 사회적 관심이나 인생과업에도 관심이 없는 인생과업으로부터 도피하는 행동을 한다.
- 사회적으로 유용한 유형은 건전하고 건강한 사람으로서 사회적 관심도 많고, 인생과업도 타인과의 관계가 좋아서 사회적 욕구 등 인생과업을 완수하는 행동을 한다.

4) 사회복지실천과 연관성

- 가족상담 및 집단 사회사업에 유용한 지식을 제공
- 잘못된 생활양식의 왜곡 등, 부모와 자녀관계, 가족크기 및 형제와의 관계 등 영향요인을 제시

| 신체적으로 병약, 허약한 아동: 열등감 경험, 주위의 동정을 기피 | |
|---|---|
| 응석받이: 요구와 퇴행(예: 독자) | |
| 거부당하는 아동: 저항 | |
| 가족구도 및 출생순위 | 첫째아이: 폐위된 왕(열등감 경험) |
| | 둘째(중간)아이: 자극 → 경쟁 |
| | 막내아이: 강한동기 |
| | 독자: 자기중심적 또는 소심(응석받이) |

※ 가상적 활동, 과제설정, 단추누르기법 등

## ♣ 더 생각해보기

1. 인간관은?
2. 열등과 보상, 우월성 추구, 창조적 자아 등 주요개념은?
3. 성격유형은?
4. 잘못된 생활 방식의 왜곡 사례를 서로 토론하기.

## 6. 사회학습이론

1) 개요

- 반두라는 1925년 캐나다에서 태어났으며 심리학을 전공하여 심리치료과정, 가족상황에서의 아동의 공격성 등을 연구하였다.
- 아동은 대부분 타인의 행동을 관찰하고 모방한 결과로 성격이 형성된다.
- 강화의 효과는 인간의 행동 통제보다는(스키너) 인간의 의지(인지적 능력)에 좌우된다.
- 인간의 행동은 발달단계나 고유한 특성보다는 사회적 상황 속에서 자신이 처한 상황을 해석에 의하여 결정된다(상호결정론).

2) 주요개념

---
**주요개념**

* 모방: 관찰학습(관찰 → 학습), 대리학습 → 간접경험
* 인지: 내적표준 → 행동조정·결과예측
* 자기규제: 자신의 행동을 평가 → 보상과 벌
* 자기효율성: 성공할 수 있다는 개인의 믿음
* 상호결정론: 개인적·행동적·환경적요소간 상호작용
---

- 모방은 다른 사람이 행동하는 것을 보고 들으면서(관찰) 그 행동을 따라서(학습) 하는 것을 의미하며, 이를 관찰 학습

이라고 한다. 모방은 다른 사람의 행동을 단순히 모방하는 것은 아니고 내적인 인지요소(연령, 사회적 지위, 능력 등)와 다른 사람들이 행동한 결과를 보고 대리학습(대리강화)도 나타난다.
- 인간은 심상, 사고, 계획 등을 할 수 있는 생각하고 인식할 수 있는 존재이므로, 자신의 내적 표준에 근거하여 자신의 행동을 조정하고 자신의 행동결과를 예측할 수 있는 능력을 인지라 하였으며, 사회적 학습은 인지적 활동(학습)으로 볼 수 있다.
- 자기규제(조정)는 어떤 행동을 수정하는 것이 더 중요한가에 대한 자신의 가치와 행동의 표준을 발전시키는데 이러한 내적표준은, 자신의 행동을 평가하여 보상과 처벌을 내리게 한다(예: 기말고사를 100점 목표한 학생과 70점 목표한 학생과의 차이).
- 자기효율성은 자신의 노력에 의하여 상황을 통제하여 어떤 행동을 성공적으로 수행 할 수 있다는 신념으로서 인간의 사고, 동기, 행위에 있어서 중요한 역할을 한다.
- 상호결정론은 인간은 어느 정도 자기 방향성을 제시할 수 있는 능력이 있기 때문에 어떠한 내적 과정이나 환경에만 영향을 받는 것이 아니라 개인적, 행동적, 환경적인 요소들 간의 지속적인 상호작용에 의하여 인간의 행동이 결정된다는 견해이다(예: 중간고사 시험이 나쁜 학생이 기말고사에는 시험 발표 후보다는 시험 발표 전부터 공부하는 태도).
  ※ 인간은 왜 그렇게 행동하는가? 인간본성(프로이트), 외적 자극(스키너), 과거의 경험(반두라)

## 3) 모델 관찰 학습과정

```
┌─────────── 관찰 학습 과정 ───────────┐
│                                                      │
│  * 주의 집중과정: 모델에 주의 집중                    │
│  * 보존(기억)과정: 상징적 형태(심상과 언어)           │
│  * 운동재생 과정: 외형적인 행동으로 전환              │
│  * 강화(동기)과정: 충분한 동기 유발 필요성            │
│                                                      │
└──────────────────────────────────────┘
```

관찰학습은 직접적인 강화 없이 인간이 타인들의 관찰을 통하여 행동에 대한 학습이 이루어지는 것을 말하며 관찰 학습과정은 주의집중과정 → 보존과정 → 운동재생과정 → 강화과정으로 이루어진다.

- 주의집중과정은 관찰만으로는 부족하므로, 적절한 관련정보 획득에 노력하는 것을 말한다.
- 보존과정은 모방한 행동을 상징적인 형태(심상과 언어)로 장기간 보존(기억)하는 것을 말한다.
- 운동재생과정은 상징적인 형태로 부호화된 표상을 외형적인 행동으로 전환하는 단계로서, 신체적인 능력이 중요하다 (예: 톱질하는 요령).
- 강화과정은 관찰한 것을 적절하게 수행할 수 있도록 동기유발을 시켜 행동을 통제하는 과정으로서, 충분한 자극이 필요하다(예: 실제운전을 하고 서울에 간 사람과 조수석에 타고 서울에 간 사람의 차이).

## 4) 행동의 사회화 과정

---
**사회화 과정**

* 공격성: 조작적 조건 형성의 문제
* 성역할: 성특질
* 자기강화: 보상과 벌 → 자기규제의 패턴확립
* 친사회적 행동

---

행동의 사회화과정은 사회가 그 구성원들을 사회적으로 용인되는 방식으로 행동하도록 유도하는 과정을 말한다(예: 20대 소년들은 운전면허증을 획득해야만 사회 집단에 어울릴 수 있다는 등).

- 공격성은 다른 행동뿐만 아니라 사회화에도 부분적으로 조작적 조건 형성의 문제라고 믿었다. 예를 들면 아동들은 사회적으로 적합한 방식(게임, 사냥 등)으로 공격성을 표현할 때는 보상을 주고, 사회적으로 용인될 수 없는 방식(나이 어린 아이를 때릴 때)으로 공격성을 표현할 때는 벌을 준다. 따라서 아동들은 공격적인 모델을 관찰하고 그 모델이 언제 강화 받는지를 주시하며, 이에 따라서 모방한다(예: 4세 된 아동들을 3가지형태로 실험결과인 공격성보상, 공격성 벌, 아무결과도 없는 조건 등에서는 공격성 벌을 덜 모방).
- 성역할은 아동들이 자신의 성에 적합한 방식으로 행동하는 것을 배우게 된다. 사회는 소년들에게 남성적, 소녀들에게는 여성적 특질을 발달시키도록 한다.

- 행동의 자기조정(자기강화)은 사람들이 사회화됨에 따라 외적인 보상과 벌에 덜 의존하게 되고 자기규제의 패턴을 확립하여 그들 자신들이 내적 기준들을 설정하여 스스로 보상과 벌을 주는 것을 말한다.
- 친사회적 행동은 협동, 이타성, 도움, 기부행위 등 긍정적이고 온정적인 사회적 행위로서, 사람들 간에 우호 관계를 촉진 또는 유지하는 행동을 말한다(예: 시범과 설교, 기부행위 관람 등).

5) 사회복지실천과의 연관성

- 인간의 자기효율성을 최대화 하여 환경도 지원 - 적극적 성격의 발달이 가능
- 클라이언트의 행동을 명확히 인지하여 행동과의 연관성 파악이 가능
- 사정의 중요성, 관찰과 모방의 클라이언트문제행동을 제거하는데 유용
- 모델링을 통한 클라이언트문제행동을 치료

## ♣ 더 생각해보기

1. 반두라, 스키너 이론의 차이점을 비교하기.

| 스키너 | 반두라 |
|---|---|
| 외적 유도자극을 중시<br>직접적인 경험 | 개인 내적특성과 외적 유도자극을 중시<br>대리경험 + 직접경험(인지적 기능) |

2. 관찰학습, 자기효율성, 상호결정론이란?
3. 관찰학습과정 4단계는?
4. 사회화과정(공격성, 친사회적 행동)이란?

## 7. 도덕발달이론

### 1) 개요

- 콜버그는 1927년 미국에서 태어났으며, 피아제의 영향을 받아서 인지발달과 관련한 개인의 신체적, 심리적, 사회적, 영적 발달과 관련되는 사회적 과정으로 보았다.
- 도덕성 발달은 인지발달 수준에 따라 단계가 결정되며, 성별의 차이가 존재하며, 남성이 여성에 비하여 높은 수준의 도덕성 발달단계에 이를 수 있다.
- 사회 또는 문화마다 도덕적 신념이나 가치의 척도가 다양하기 때문에 도덕성의 내용보다는 도덕적 사고구조에 중점을 두었다.
- 피아제와 같이 단계들은 불변적인 순서로 전개 된다.

### 2) 도덕성 발달단계

가상적인 도덕적 딜레마 상황 하에서 각 연령층의 아동이 어떻게 판단하는가에 따라 3수준 6단계의 도덕성 발달을 제시하였다.

- 전 인습적 도덕성은 외부의 영향을 중시하며, 오로지 규칙을 정한 사람들의 물리적인 권위 또는 벌을 피하기 위하여 복종하는 수준이다. 아동들은 처벌이 두려워 선과 악을 판단하는데 규칙과 복종을 중시하며 결과에 의하여 판단한다 (1단계). 또한 아동들은 보상을 얻기 위하여 규칙에 동조하며 자신과 타인을 만족시키는 도구로서 행동한다(2단계).

### 도덕성 발달단계

* 전 인습적 도덕성
    1단계: 복종과 처벌 지향(고정불변의 규칙)
    2단계: 상대적 쾌락주의(사람에 따라 다르다)
* 인습적 도덕성
    3단계: 착한소년, 착한소녀지향(착한 사람)
    4단계: 사회질서 및 권위의 유지(공동체인정의 이미지)
* 후 인습적 도덕성
    5단계: 민주적으로 용인된 법(법과 질서)
    6단계: 보편적 원리(법을 초월)

- 인습적 도덕성은 자신이 속한 가족, 사회, 국가의 기대에 맞는 행동을 하고자 노력한다. 따라서 사회질서를 위하여 사회적 규칙이나 기준을 중시하기 때문에 집단이나 집단 성원과의 동일시한다. 타인의 반응이 도덕성 판단기준이 되며(3단계), 규칙은 사회질서 내에 고정되어 있으며 사회의 안전을 위한 법의 기능을 중시한다(4단계).
- 후 인습적 도덕성은 집단의 권위나 권리를 행사하는 사람보다는 도덕적 가치와 원리를 규정하려는 노력을 중시한다. 즉 개인자신의 도덕적 기준이 판단의 중요성이 된다. 법은 사람들이 화목하게 살아가기 위한 다수가 정한 장치(공동체)라고 생각하며(5단계), 최고의 선은 보편적 윤리로서 성별, 인족, 국가, 문화 등을 초월하여 인류에게 적용된다(6단계).

3) 사회복지실천과의 연관성

- 도덕 교육의 방향설정 제시
- 퇴행에 대한 모호성
- 환경과 사회화를 소홀(문화로서 보편성을 제시)
- 남성중심의 연구(도덕성 수준)


♣ 더 생각해보기

1. 도덕성 발달단계란?

# Note

# 제3장
# 인본주의이론

## 1. 개요

- 인간의 잠재력에 대한 신뢰와 강점에 초점을 둔, 이론으로서 제 3의 힘으로도 불린다(정신분석-행동주의-인본주의).
- 인간에 대한 총체적 이해를 강조하면서 인간의 독특성을 강조하며(동물과 상이점), 자기성취를 위한(마슬로우: 자아실현, 로저스: 완전히 기능하는 사람) 내적충돌을 강조하였다.
- 인본주의이론의 주요학자는 Carl Rogers의 현상학이론, Abraham Maslow의 욕구이론 등이 있다.

## 2. 욕구이론

1) 개요

- 매슬로우는 1908년 미국에서 태어났으며, 제 2차 세계대전의 영향으로 인간의 편견, 증오 등을 경험하면서 행동주의

에서 인본주의로 전환하게 되었다.
- 각 개인은 통합된 존재로서 인간의 본성은 선하며 인간이 악하고 파괴적인 것은 나쁜 환경으로부터 나온다.
- 인간은 동물이상의 독특성을 가지고 있으며 창조적인 인간 본성은 공통적 특질이다.
- 소수의 사람만이 자기실현에 완전히 도달한다.
- 연령에 따라 발달 단계로 보지 않고, 모든 연령대에 자기실현에 대한 갈망이 존재함을 보편적 과정으로 보았다.

2) 주요개념

- 욕구: 인간의 기본적인 욕구는 충족되지 않을 경우는, 심리적 또는 생리적인 역기능이 발생하여 이를 충족하지 못하면 갈등을, 충족하였을 경우는 역기능과 혼란 상태를 회복한다. 유아는 생리적 욕구가 강렬하게 나타나나 나이가 점점 들면서 단계적으로 소속과 애정에 관한 욕구가 강해진다.
- 동기: 동기의 작용에는 결핍동기와 성장 동기로 구분한다.
  - 결핍동기: 욕구가 충족되지 못하였을 경우(음식, 물 등)는 불만(결핍)이 생겨서 이러한 결핍상태를 극복하기 위한 목표 지향적 활동을 한다(하급 욕구에 근접).
  - 성장동기: 단지 자기실현의 욕구에서만 작용하는 동기로서 생리적-안전-소속과 애정-존중의 욕구가 어느 정도 충족시 자기실현욕구에 도달할 수 있다(고급적 욕구에 근접).
- 자아실현자의 특성(최순남, 2002 부분인용)

## 3) 욕구5단계

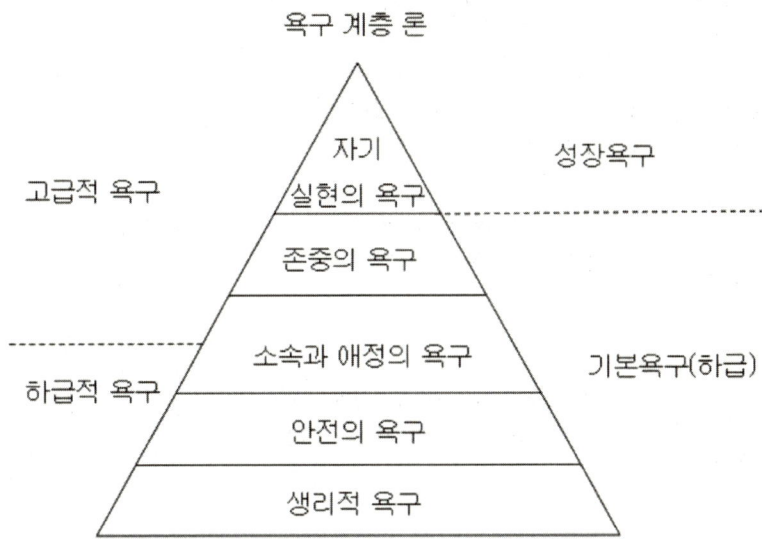

 매슬로우는 인간의 행동을 일으키는데 직접적으로 영향을 주는 욕구체계를 제시하였는데, 이는 인간의 욕구가 강한 것에서부터 약한 것으로 위계를 가진 보편적, 선천적 동기에 의하여 유발되어서 그 강도의 순서에 따라 생리적 욕구 → 안전의 욕구 → 소속과 애정의 욕구 → 존중의 욕구 → 자기실현의 욕구단계로 주장하였다. 이러한 다섯 가지의 욕구는 동시에 일어나지 않으며 이전단계가 충족시 다음단계로 넘어간다(우세원리).

| 단계 | 특 징 | |
|---|---|---|
| 생리적 욕구 | · 모든 욕구에서 가장 강력함 (몸, 수면, 성(性), 음식 등 생존에 관련된 욕구) | 예)직장인의 매월 보수 등 |
| 안전의 욕구 | · 불안과 공포로부터 해방(신체적+심리적) (안전, 보호, 질서 등) | 예)산재보험 등 |
| 소속과 애정의 욕구 | · 집단 및 사랑의 활동 욕구 (직장소속, 친구 및 자녀 등) | 예)집단 활동 (고독과 소외) |
| 존중의 욕구 | · 타인으로부터 존경받고 싶은 욕구<br>· 타인으로부터의 자존감과 자신에 의한 존중감 | 예)자존감(명성, 지위 등) 존중감(안정감) 가장으로서 자녀로부터 존경시 |
| 자기 실현의 욕구 | · 최대한의 능력개발 및 창조의 극대화<br>· 중년기 이후 | 예)김구, 이순신, 링컨 등과 같은 위인 |

## 4) 사회복지실천과의 연관성

- 인간의 본성에 대한 긍정적인 이론제시(인간 본성은 선하고 창조적이다)
- 인간욕구의 기본 틀 제공 → 클라이언트의 기본욕구 충족 시 원조가능(클라이언트욕구 평가시)
- 인간과 환경과의 상호작용

## ♣ 더 생각해보기

1. 결핍동기와 성장 동기란?
2. 자아실현자의 특성은?
3. 욕구 5단계별 특징을 비교하기

## 3. 현상학적이론

1) 개요

- 로저스는 1902년 미국에서 태어났으며, 클라이언트 중심의 치료의 창시자이다.
- 인간의 본성은 착하며 이상적인 대인관계의 조건(감정이입, 진실함, 비심판적태도 수용 등)을 제시
- 현상학이론(자기이론)은 개인이 자신의 과거경험이 아닌 현재를 어떻게 보고 느끼는 지에 관하여 관심을 갖는다.
- 인간으로서 진실한 만남은 30분의 만남으로도 삶의 변화를 가져올 수 있다.
- 상담기법은 비지시적 기법(클라이언트중심기법)

2) 주요개념

―――― 주요개념 ――――
* 자기/자기개념: 주체로서의 나 + 객체로서의 나
* 자아실현의 경향: 자신의 잠재력개발
  → 좀 더 능력이 있는 사람이 되어가는 과정
* 완전히 기능하는 사람: 개방적·실존적·창조적이며 순간순간에
                    충실한 삶

로저tm는 인간은 단순히 기계적인 특성의 존재도, 무의식적 욕망의 포로도 아닌 자신이 창조하는 과정 중에서 생의 의미를 창조하며 인간의 성격이 본래 타고 남을 부정한다.

주요개념으로
- 자기/자기개념: 자기는 주체로서의 나와 객체로서의 나를 합친 것으로서 주체로서의 나 + 객체로서의 나 + 다른 사람의 관계에서 인식을 말한다. 즉, 도대체 나는 누구인가를 깨닫게 되는 것이다.

  이상적인 자기는 인간이 소유하고 싶은 자기개념, 즉 그렇게 되고 싶은 상태이다. 자신이 경험한 자신의 자아개념과 불일치 할 경우는 괴리가 발생하며, 자기와 경험이 일치(적응)하는 경우는 자신의 경험이나 생각, 행동을 조화롭게 하는 사람이다.

- 자아실현의 경향은 인간이 자신을 유지하고 성장시키는데 도움이 되는 방향으로 자신의 모든 능력을 개발하려는 선천적인 경향으로서 인간의 기본적인 동기라 하였다.

  따라서 인간은 출생이후부터 자아실현을 위하여 생산적으로 성장하도록 되어 있으며 가능한 한 자신의 잠재력을 최대한으로 발휘하도록 한다(Nye, 1981).

  또한 자기실현을 위한 경향은 인간이 가진 유기체적인 본성중의 일부이다(한국복지정책 연구소, 2003).

- 완전히(충분히) 기능하는 사람은 자신의 잠재력을 인식하고 능력과 재능을 충분히 발휘하며 자신에 대하여 완전히 이해하고 경험을 풍부하게 하는 방향으로 진전해 가는 사람이다. 즉 개방적이고 자신의 유기체를 신뢰하며 창조성을 가지고 순간순간에 충실하게 자기가 선택한 인생을 자유스럽게 살아가는 특징을 가지고 있다.

## 3) 성격발달

**성격발달**

* 자아실현의 동기: 인간의 능력을 최적으로 발달시키려는 힘
* 긍정적인 관심에 대한 욕구
* 무조건적인 긍정적 존중
* 부적응과 방어기재: 노력과 좌절 등

- 자아실현의 동기는 인간의 능력을 최적으로 발달시키려는 힘이며 성장하면서 형성하기 시작한 자기개념은 자신의 경험과 타인과의 경험에서 경험을 어떻게 지각하느냐에 결정된다고 보았다.
- 긍정적인 관심에 대한 욕구는 자기개념이 나타남에 따라 발달하며 인간의 보편적·영속적인 욕구이다. 이는 부모를 기본으로 다른 사람들로부터 받게 되는 수용, 사랑, 승인, 존중 등을 포함하는 개념이다(Schultz&Schultz, 1994).
- 무조건적인 긍정적 존중은 아동에 대한 부모의 사랑처럼 한 개인의 행위에 따른 가치와는 무관하게 긍정적인 관심을 주거나 받는 것을 의미한다. 즉 타인과의 상호작용의 특성과는 관계없이 타인에 대한 무조건적인 관심, 수용, 존중에 대한 사고와 감정을 유지하는 것이다.
- 부적응과 방어기재는 인간의 긍정적인 관심에 대한 욕구는 다른 사람에 의해 인정될 때까지(만족) 또는 인정받지 못할 때는(좌절)을 겪게 된다.

## 4) 사회복지실천과의 연관성

- 클라이언트 중심·치료 개척(자기결정권, 존엄성과 가치, 경청과 비지시적 원조 등)
- 치료적 관계 원칙 제공(무조건적·긍정적 관심, 클라이언트 세계관 등)
- 효과적인 치료관계 - 필수적인 치료자 태도 강조
  ① 자기일치감(관계에서 진실, 통합)
  ② 무조건적·긍정적 관심(천부적 인권)
  ③ 공감적 이해(치료자: 제 상황에서 일치감)
- 인 카운터 그룹(encounter group)
  - 친밀한 상호작용을 통한 자신과 타인과의 관계를 맺는 방법(소집단)
  - 융통성, 자발성, 개방성 등 개발
- 정서적 장애치료에 유용
- 비판: 순진성, 선함, 무의식 소홀, 학습중요성 무시


## ♣ 더 생각해보기

1. 자기/자기개념이란?
2. 인카운터그룹은?
3. 완전히 기능하는 사람이란?

# Note

# 제3부
# 인간성장과 발달

제1장 태아기
제2장 유아기(1~1.5세)
제3장 아동기(학령전기, 2~6세)
제4장 후기아동기(6~12세)
제5장 청소년기(12~21세)
제6장 청년기(21~40세)
제7장 중년기(40~65세)
제8장 노년기(65세 이상)

# 제1장
# 태아기

## 1. 개요

인간의 성장과 발달은 수정이 되는 순간부터 시작이 되며 이 순간부터 하나의 생명체로 형성된다.

임신을 하게 되면서 여러 가지의 변화(모체에서 이루어지며 이는 염색체의 결합으로 유전과 성이 결정된다) 모태내의 여러 가지(영양 및 정서 상태, 연령, 등) 환경은 태아에게 직접적인 영향을 준다.

임신기간은 통상 10개월(280일)로서 발생기, 배아기, 태아기로 구분된다.

- 발생기(배란기): 수정 후 자리 잡는 시기(2주간)
- 배아기: 임신 후 8주 사이(주요기관과 조직이 95% 형성)
- 태아기: 임신 3개월부터 출산까지의 시기

## 2. 태아기

- 임신초기(임신 1~3개월): 급속한 세포분열(성별구별, 소화기관 발달 등)
- 임신중기(임신 4~6개월):
  태아의 크기가 현저하게 발달(4개월)
  땀샘발달 및 머리카락, 손톱, 발톱, 지문 등 형성(5개월)
  심장박동이 규칙적, 소변도 방출, 눈의 기능발달(6개월)
- 임신말기(임신 7~9개월): 태아발달이 완성
  태아의 근육, 신경 및 순환계 거의 완성(7개월)
  빛과 소리에 반응, 지속적 운동(8개월)
  근육에 자극시 반응(9개월)
  손톱이 성장, 출산준비(10개월)
  * 26주(6개월)부터 태아의 성장이 가능

## 3. 태아에 영향을 주는 요인

- 임신연령: 16~35세
- 임산부의 영양상태: 1일 약 300칼로리 이상을 평상시보다 더 섭취
  적절한 영양 미섭취는 유산, 사산, 조산 및 정신발달지체, 성장지체 등초래
  비타민이 부족한 경우는 기형아, 괴혈병, 발육부진 등
  모체의 정서 상태는 생리적 변화를 초래(피로, 불안감 등: 자연유산, 조산 및 난산 등)

모체의 질병(성병은 유산, 기형아, 정신지체아 출산 가능성 등)
- 약물복용과 치료: 의사의 자문이 절대적(임신 1~3개월은 취약한 시기)
  테라토겐은 기형을 유발, 진정제는 기형아 출산, 항생제는 뼈조직의 기형을 유발 가능성. 마약은 저체중아 출산, 조산 등초래, 카페인등도 위험 가능성보유
- 방사선: 태아에 치명적(수정란 착상 이전엔 죽게 되고, 착상이후는 기형아 등)
- 알코올: 태아알코올 증후군 초래(정신지체, 선천적인 심장 질환, 작은 머리 등)
- 흡연: 저체중아 출산, 임신기간 단축, 자연유산의 증가 등
- 기타: 사회경제적 요인, 질병 등

## 4. 태아의 발달장애

- 터너증후군: 여성으로서 생식기관이 미발달(XX→XO형), 중성적(여성 3,500명중 1명 정도)
- 다운증후군: 21번 염색체가 하나 더 추가 발생(47개), 둥근 얼굴 및 납작한 코 등(신생아 700명중 1명)
- 혈우병: 혈액이 일정기간이 경과하여도 미응고 되는 증상 (남성 10,000명중 1명)
- 거대남성증후군: 남성으로서 Y염색체를 더 보유(XY→XYY형, 남성 10,000명중 1명), 키가 크고 지능이 낮음
- 클라인 펠터 증후군: 남성으로서 X염색체가 하나 더 추가 발생(XY→XXY형, 남성 1,000중 1명) 생식이 불가능

## 5. 신생아의 발달

- 출생 직후부터 수동이 아닌 외부세계를 인지하고자 애착을 형성
  운동은 전신전체운동(미분화)과 국부특수운동(잡는 반사, 발바닥반사, 흡입반사 등)을 시작
- 각 기관은 성인의 약 90% 발달하며, 생후 5일(촉·미각) 1주일 후(청각), 1주일 이후(시각) 발달
- 정서기능은 미분화 상태로 막연한 흥분상태이며 생후 1개월 이후부터(미소), 생후 4개월부터(웃음)을 시작

## 6. 사회복지실천과의 연관성

- 태아기관리: 조산, 저체중아, 발달장애등 조기 발견 및 관리
- 양가감정 조언(남성 ← 적절한 심리적 변화에 상담)
- 상담가(낙태와 입양)와 임산부 보호 및 관리 문제
- 낙태 및 불임: 조력자, 교육자, 옹호자 역할

## ♣ 더 생각해보기

1. 임신기간(발생기-배아기-태아기) 및 태아3단계(임신초기-임신중기-임신말기)에 대한 이해하기.
2. 태아기 발달장애(터너증후군, 다운증후군)에는 어떤 종류인가?

# Note

## 제2장
# 유아기(1~1.5세)

## 1. 개요

- 출생 후 1.5세(또는 2세)를 유아기라 하며 신체적인 안정과 정신적, 정서 안정이 중요한 시기로서 생후 1개월까지는 신생아로 봄.
- 주로 어머니와의 양육관계가 중요하며 신뢰감과 불신감이 형성되는 시기

## 2. 신체적 발달

우리나라는 대략 신생아의 3~4.35%로 출생 장애를 가지고 태어나며(통계청, 2006), 출생 시 몸무게는 남아가 3.40kg, 여아는 3,30kg, 신장은 남아가 50.8cm, 여아는 50.1cm이며 평균적으로 신장은 약 50.5cm, 체중은 3.3kg으로 남아가 여아보다 키가 크고 몸무게도 많이 나간다(대한소아과학회, 2001).

- 머리에서 발가락으로 발달이 진행되고, 몸통부터 시작하여

몸의 끝인 사지를 통제하기 시작한다.
- 신생아는 대부분 잠자는 시간이 많다(출생 후 1개월 정도는 16~18시간, 2세 전후는 12시간정도).
- 감각적 능력으로 의사전달을 한다.

신생아는 외부의 자극에 대하여 여러 가지 반사 행동을 보인다. 이는 생존반사와 원시반사로 나눈다(Craig, 1999).

| 개념 | 생존반사 | 원시반사 |
|---|---|---|
| | 생존이나 적응 | 진화적 측면 |
| 반사행동 | ・호흡반사: 산소흡입, 이산화탄소방출 | ・모로반사: 큰소리시 손가락을 폈다가 쥐는 행위 |
| | ・근원반사: 자극을 향하여 입을 벌리는 행위 | ・바빈스키반사: 발바닥을 간지럼하면 발가락을 펴는 행위 |
| | ・빨기반사: 입으로 빨려는 행위 | ・쥐기반사: 무엇이든 쥐려는 행위 |
| | ・동공반사: 눈의 동공이 넓어지고(희미함) 좁아지는(밝음) 행위 | ・걷기반사: 초보적 보행행위 |
| | ・눈 깜박반사: 물체 및 공기에 대한 행위 | ・수영반사: 물에서 수영하려는 행위 |

운동발달단계는 미분화 상태이며, 전체적이고 통합적인 움직임에서 점차 분화된다.

유아기 때는 신체의 성숙에 따라 개인의 차이가 존재하며, 연령에 따라 특징이 있다.

특히 생후 3개월부터 운동기술이 발달한다.

| 월령 | 특 | 성 |
|---|---|---|
| 2개월 | 엎드린 상태에서 가슴을 들기 | 머리들 수 있고 원하는 물건에 손을 뻗쳐 닿을 수 있다. |
| 3개월 | 몸을 뒤집기 | |
| 5개월 | | 무릎에 앉고 물건을 잡는다. |
| 6개월 | 혼자서 앉기 | |
| 7개월 | 붙잡고 서기 | 혼자서 앉기 |
| 9개월 | 붙잡고 걷기 | 붙잡고 서기 |
| 10개월 | | 기는 행동 |
| 12개월 | 혼자서 걷기 | 혼자서 걷기 |
| 16개월 | 계단 오르기 | 계단 오르기 |
| 17개월 | | |
| 24개월 | 달리기 | 달리기 |

* 출처: Sigelamn(1999, 이인정외, 2002, 이근홍, 2008)

## 3. 인지발달

- 이 시기에는 세 가지의 과업을 성취하는 감각 운동기에 속하는 단계(피아제)이다.
- 유아는 어떠한 사물이나 대상의 정보를 받아들이면서 다양한 감각(동화와 조절)을 배우며, 목적 지향적이고(의도적인 행동이 가는) 대상 영속성(사물이나 대상이 눈앞에 보이지 않거나 만질 수 없어도 여전히 존재한다고 믿는 것)을 획득한다(8개월 이후 시작, 18~20개월 정도시 획득).

출생 시부터 2세시까지는 감각운동지능, 2세 이후로는 개념적 지능이 발달한다. 또한 정신적 표상(눈앞에 없는 사물이나 사건들을 정신적으로 그려내는 행위가 가능)으로 자연모방이 가능하다.

## 4. 정서발달

- 유아기 초기에는 기쁨, 슬픔, 놀람, 공포 등 일차적 정서이나 12개월 이후는 수치, 부러움, 죄책감 등 이차적 정서가 나타난다. 유아는 일차적 양육자인 어머니와 애착(긍정적 정서)을 형성하며 애착에 대한 본능적 욕구가 있으며(Bowlby, 1958),
- 그 결과는 기쁨과 편안함을 갖는다.
생후 1년 이내에는 두려움이 나타나는데 이는 낯가림과 격리불안이다.

## 5. 언어발달

- 언어발달의 첫 단계는 울음이며, 생후 3~4개월에는 옹알이 시작, 5~6개월에는 마마, 빠빠, 1년 정도가 되면 몇 개의 단어(엄마, 아빠)를 말할 수 있다.
- 2세 이후는 단어(250~300개)와 구절을 사용한다.

## 6. 사회복지실천과의 연관성

- 정서적 지지(애착, 결핍 등)
- 발달 이정표에 대한 실천(조기사정 등)
- 사회적 애착 및 양육문제(맞벌이 부부, 한 부모 등)

## ♣ 더 생각해보기

1. 애착이론과 분리불안
2. 반사행동(빨기반사, 모로반사, 바빈스키반사 등)
3. 유아의 정서를 나타내는 방법(미소와 웃음, 선택적 사회적 단계)

# Note

## 제3장
## 아동기(학령전기, 2~6세)

## 1. 개요

- 아동 전·후기인 학령전기 2~6세로서 자율성이 성립되는 시기이다("내가 할 거야", "나는 무엇이나 할 수 있어" 등).
- 자율성(2~3세)과 솔선성(4~6세)을 확립하며 아동전기(2~3세)는 호기심이 나타나서 미아문제가 발생하며 사회규범과 문화의 기초를 획득, 아동후기(4~6세)는 외디푸스콤플렉스(부모의 행동과 동일시, 이성의 부모에게 사랑)가 나타난다.
- 아동기의 양육은 무조건적 긍정적인 사랑(자신의 잠재력을 개발하여 "완전히 기능하는 사람" Rogers)이 중요하다.
- 보통 유아원이나 유치원에 들어가는 시기이고 걸음마기로서 꾸준한 신체적 발달(보행, 뜀뛰기, 달리기 등 운동기능을 포함)과 인지적 성장, 언어발달이 빠른 속도로 이루어진다.
- 일부학자는 유아기라고도 한다.

## 2. 신체적 발달

- 신체적인 협응능력이 발달하여 이동력, 옷 입기 등 혼자서 수행하는 법을 배운다.
- 신체적으로 균형을 잡는 시기로서 머리가 차지하는 비율이 줄어들어 성인의 모습과 비슷해진다.
- 치아는 2~3세경에 모두 나와서(상하 20개의 유치) 성인과 같은 음식섭취도 가능하다(5~6세는 유치에서 영구치).
- 신장은 5세경에 출생기의 2배, 체중은 5배까지 늘어나며 뇌는 6세 이후는 성인의 90~95%에 달한다.

## 3. 운동기능의 발달

- 잠자는 시간을 제외하고는 계속적으로 움직여서 근육활동의 속도, 정확성, 힘 등을 성장시킨다.
- 2세부터 걷고, 뛰고, 3세에 한발로 서고 질주, 두발로 껑충껑충 뛸 수 있으며, 4세에 공을 잡을 수 있고, 5세에 한발로 균형 및 두발 자전거를 타고, 6세에 자전거 타기가 가능하다.
- 특히 손의 기능, 즉 젓가락질 등도 가능하다.

## 4. 정서발달

- 어떤 외적자극이나 내적자극에 대한 감정의 변화(희로애락)로서 선천설(진화론)과 후천설(학습)로 구분된다.

- 애정은 정서발달에 중요하며, 어머니의 애정이 정상일 경우는 신체적으로 건강하고 안정감을 보유한다. 2세경에는 인형을 이용한 장난감에 관심, 3세경에는 가족에게 즐겁게 표현, 4~5세경에는 같은 또래에 애정 표현도 가능하다.
- 질투는 2세경에는 가정 내에서, 5~6세경에는 가정 내 질투가 감소하고 가정 밖에서 일어난다(퇴행적 증상도 나타남: 오줌 싸기, 손가락 빨기 등).
- 분노는 2~3세경에는 물건을 던진다거나 발을 동동 구르고 5세경에 어느 정도 자신을 통제 할 수 있다.
- 정서적 장애로는 타인과의 상호작용을 거부(인형을 가지고 혼자 놀거나 말과 행동을 정지)한다. 가정 분위기가 경직(예: 독재적인 아버지)시 자폐증상, 괴상한 행동(혼자손뼉치거나 말의반복 및 일상생활에 두려움 등) 등이 나타날 수 있어 전문적인 치료가 필요하다.

## 5. 인지발달

- 피아제의 전조작기에 속하며 지적 발달은 유전적 요소(가능성을 결정)와 환경적 요인(가능성을 실현)이 중요하다.
- 상상능력이 발달하고 상징놀이를 할 수 있다. 그러나 아동은 현실과 비현실의 구분이 어렵기 때문에 물활론적 사고도 한다.
  지각은 첨가설(아동이 사물을 볼 때 마다 그 사물에 대하여 더 학습하게 됨)과 분화설(아동은 사물의 크기, 부피, 색

깔, 형상 등으로 변별하여 차차 분명하게 지각하게 됨)이 발달하며, 또한 사물과 사건을 인지하는 지각에는 아동과 성인 간에는 차이가 존재한다고 보았다(상모자각이 존재: 사물을 정서적, 또는 주관적으로 파악하는 것).
- 추상작용은 사물을 색과 모양으로 구분하여 지각하는 현상이다. 4~5세경에는 색이 같거나 모양이 같은 것을 고를 수 있다.
- 이 시기에는 언어습득(4세경에 일상어, 5~6세경에는 기본형식 언어기능), 기억(3~4세경에는 영속성은 미 존재, 6세경에 영속성 가능), 사고시작(자기중심적 사고), 수 개념(6세경에 10까지 90%, 100까지는 85% 가능) 상징적 표상능력(동화기: 나무토막이 말을 하고…) 발달 등의 특징을 보인다.

## 6. 사회성발달

- 친구들과의 결합, 협동심을 보이며 동시에 개인주의적 경향(자아의식이 나타나기 시작)이 뚜렷하였다.
- 사회적 행동의 기초(에릭슨: 소유와 관용을 배움) 시기로서 민주적 가정(적극성, 열등의식이 없음)과 비민주적 가정(소극성, 자신 신체걱정 등)의 차이가 존재한다.
- 사회적 행동의 형태로서 우정, 싸움(자기중심적), 경쟁(4~6세경 질투), 협동(3~4세경 놀이중심) 등이 많이 나타난다.

## 7. 사회복지실천과의 연관성

- 성격발달 측면: 목표 지향적, 경쟁적(호기심 인정)
- 주도성/죄의식 형성시기(에릭슨): 인정(부드러움)과 제재(꾸지람)문제
- 정서발달 측면: 사회적 규범의 학습문제(4세경에 즐거움, 분노, 공포, 질투 등 표현)
- 인지발달 측면: 조기교육의 중요성 문제

## ♣ 더 생각해보기

1. 왜 호기심이 집중적으로 나타날까?
2. 무조건적 긍정적인 사랑의 중요성
3. 첨가설과 분화설, 상모자각이란?
4. 소유와 관용의 중요성
5. 야뇨증의 치료방법은?

# Note

## 제4장
# 후기아동기(6~12세)

## 1. 개요

- 후기아동기는 6~12세로서 자긍심 확립시기이다.
- 아동생활의 중심이 가정에서 학교로 옮겨져서 학교 교육 등을 통한 필요한 지식과 기술을 배운다.
- 인지발달이 잘 이루어져 보존개념, 분류화, 서열화, 탈 중심화가 발달한다.
- 신체적, 인지적, 사회적, 정서적으로 상당한 발전을 경험하며 특히 또래 집단과의 대인관계가 발달한다.
- 스스로 감정도 통제하기 시작하며 자기의 존재를 인식하고 독자성을 가지게 된다(자아개념, 자존심, 근면성, 도덕성 등).

## 2. 신체적 발달

- 신체적 성장과 발달은 완만하게 진행되지만 신장과 체중은 성장한다.

- 여아의 신체적 성장이 남아보다 발육 속도가 빠르다.
- 뇌의 발달을 촉진하여 중량이 성인의 95%정도로 지적 발달(사각형과 삼각형도 그림)에 도움을 준다.
- 일반적으로 세수도 잘 하지 않고 옷도 단정히 입지 못하는 경우가 많다("더러운 시기").
- 자신의 신체를 이용하여 단체놀이에 관심을 보인다(작은 공을 똑바로 던지고 받을 수 있다.).

## 3. 성격발달

- 프로이트의 잠재기(동성중시)와 생식기(이성 관심)의 초기에 해당되며 에릭슨은 근면성 대 열등감의 시기라 하였다.
- 학교라는 작은 사회(친구)를 경험하면서 사회의 가치관, 규범을 획득한다.
- 특히 친구관계에서 자기의 주체성을 확립한다.

## 4. 정서적 발달

- 미분화적, 전체적, 직접적 표현에서 분화적, 부분적, 간접적으로 표현한다(대인적 사고의 출현).
- 정서를 일으키는 자극은 외적자극(시각, 청각 등)에서 내적자극(두려움 등)으로 변한다(저학년: 신체적 싸움에서 고학년: 정의감, 도덕적 문제로 싸움).
- 주된 정서로 공포(시각·청각 → 상상력), 노여움(직접표

현 → 자기통제), 질투(6세후 선생중심), 애정(가족 → 또래집단 = 동성), 학교에 공포증(정서적 부적응) 등이 나타난다.

## 5. 지적발달

- 새로운 지식과 기술을 터득 하지만 통찰력과 예견력이 부족하여 순간적인 충동에 의하여 행동하기 때문에 실수가 많다.
- 시간지각(시간의 길고 짧음)과 공간지각(6세경: 이웃, 친척 등, 9세경: 한두 번 다닌 곳은 버스 타고 가능)을 객관적으로 터득한다.
- 사고는 7세까지는 자기중심적이나 12세 이후는 추상작용이 뚜렷하다.
- 언어는 6세까지는 미숙하나 7세부터 어휘력을 구사할 수 있다(어휘 수: 2,500~3,000개 정도).
- 지능은 12세까지 직선적으로 발달하며 17~19세경에 최고조로 발달한다.

## 6. 도덕성발달

- 보상체계에 의한 학습과정, 부모에 대한 동일시, 위반 행위에 대한 죄의식과 관련하여 발달한다.
- 도덕성 발달이론

| 학 자 | 주 요 개 념 |
|---|---|
| 프로이트 | 외디푸스 및 엘렉트라 콤플렉스 갈등을 해결 → 초자아 획득 = 동일시과정(적응기제) |
| 스키너 | 착한행동은 보상, 나쁜 행동은 처벌받는 결과로 도덕성 발달 |

## 7. 인지적 발달

- 구체적 조작기에 해당(체계적 사고 능력발달)
- 보존개념획득(7세 이후: 수 및 부피 보존)
- 분류화(전체와 부분)와 서열화(순서로 배열) 가능
- 자기중심성 극복(조망수용능력습득)
- 탈 중심화(한 가지에서 다수 상황을 고려)
- 가역적 사고(이전상태로 되돌려 놓는 능력)

## 8. 사회복지실천과의 연관성

- 인지발달측면: 학습장애, 인지장애 → 열등감 문제
- 사회성 발달측면: 반응성 애착 장애(사회적 놀이가 저해 → 양육자의 교체, 아동의 욕구 등 방치) 아동학대, 학교공포증(초기: 분리불안, 후기: 부모-자녀 관계 소원), 또래집단(집단 따돌림 문제) 지적장애(전환교육의 필요성: 생활 중심 교육과 직업교육)
- 학교사회사업의 필요성 대두

## ♣ 더 생각해보기

1. 후기 아동기(6~12세): 보존개념, 분류화, 서열화, 탈중심화, 가역적 사고가 발달 등 이해하기
2. 대인적 사고의 출현 시기는?
3. 초자아 획득이 성격형성에 영향은?
4. 학교사회사업의 필요성 문제(집단 따돌림, 직적장애 등)토론해 보기

# Note

## 제5장
# 청소년기(12~21세)

## 1. 개요

- 청소년기는 청소년 전기(12~18세), 청소년 후기(18~21세: 자아정체감 형성)로서 아동기에서 성인기로 전환하는 과도기이다.
- 이차적 성징이 발달하고 신체발달의 성숙으로 인한 심리적 경험과 미래 삶에 대한 틀이 형성되는 시기이다.
- 청소년기를 자아정체성 형성시기라고 하며 제2의 반항기, 질풍노도의 시기, 또는 사회적 주변인 격동기라고 부르기도 한다.
- 프로이트는 생식기, 에릭슨은 자아정체감 대 역할혼란에 해당한다.
- 청소년기에 인생관, 직업관, 국가관의 가치관이 형성된다.

## 2. 신체적 발달

- 성적으로 성숙하는 사춘기로서 생식능력을 획득한다.
- 신장성장속도가 절정기로서 초기에는 여자가 남자보다(13세경까지), 이후는 남자가 여자보다 더 커진다.
- 남자는 13세부터 신체적 변화가 시작하여 20세까지 계속되며, 여자는 남자보다 통상적으로 성장속도가 빠르다

## 3. 인지적 발달

- 추상적인 사고와 판단 능력이 확대된다.
- 형식적 조작기(피아제)에 속하며 자기중심성(상징적 관중: 자신이 주인공, 개인적 우화: 자신의 감정과 사고는 독특함) 강조하였다(구체적 조작기에 극복).

## 4. 심리사회적 발달

- 정서가 매우 강하고 변화가 심하여 자신의 감정에 관대함이 발달과제이다.
- 부모나 가족으로부터 분리하여 친구 등에 의존하려는 경향(심리적 이유)이 있다.
- 또래 집단(이질적 환경)과의 이해와 지지를 통하여 사회성이 발달한다.
- 이성 관계에 있어서 동성에 대한 애착이 더 강하다(이성에 대한 관심을 유발).

## 5. 청소년 후기(18~21세)

- 발달과제: 개인적인 정체감 확립.
- 신체발달: 신장, 체중의 변화는 통상 끝나고 성인과 동일한 성숙 단계이다.
- 인지적 발달은 기계적 암기 또는 수행 속도가 빠르다.
- 심리사회적 발달
  - 부모로부터의 독립을 긍정적으로 이루어진다(미국은 18세 이후 완전 독립을 추구하는 경향).
  - 성역할에 대한 정체감을 형성
  - 자율적인 행동경향으로 미래 삶을 위한 직업준비
  - 개인적 가치와 직업의 불확실성으로 유예

## 6. 사회복지실천과의 연관성

- 청소년 전기(12~18세)
  - 청소년비행: 초기 비행에 부적절한 대처문제(가정내 갈등, 정신장애, 자살 등)
    왜곡된 신체 이미지형성의 왜곡사례(외모 등)
  - 교화 교육 및 가족상담 등
- 청소년 후기(18~21세)
  - 자아정체감 형성문제(진로지도, 자원봉사, 호형호제 프로그램 등): 마르시아의 자아 정체감 범주(성취-유예-유실-혼란)
  - 과거와 현재, 미래와의 적절한 연결 문제(집단 상담 프로그램 개발)

## ♣ 더 생각해보기

1. 청소년기의 구분(전기-후기)과 법적 개념 차이
   *청소년기본법(9세 이상 24세 이하), 청소년보호법(만19세 미만), 소년법(20세 미만), 아동복지법(18세 미만)
2. 청소년기의 일반적 특징(신체적 성숙, 급격한 정서적 변화)은?
3. 형식적 사고 및 자기중심성이란?

## 제6장
# 청년기(21~40세)

## 1. 개요

- 청년기는 청소년기 후반부터 성인초기로서 인간의 상향적 발달은 청년기에 마무리 된다.
- 사랑과 일을 중시하므로 직업준비와 결혼에 대한 변화가 있으며 에릭슨은 친밀감대 고립으로 표현 하였다.
- 성적 그리고 사회적 친밀감을 형성하는 시기이다.

## 2. 청년기의 발달과제

| 학 자 | 발 달 과 제 |
|---|---|
| 레빈슨 | 목표에 대한 인정, 직업선택, 친밀한 관계 형성 |
| 에릭슨<br>(20~24세) | 친밀감 형성(감정이입능력, 자기통제, 단점수용 등)<br>긍정적인 사회적 관계 |
| 하버거스트<br>(18~30세) | 배우자선택, 가정형성, 자녀양육 및 관리, 직업생활, 시민의무, 사회적 집단 형성 |

## 3. 신체적 발달

- 가장 활력이 넘치는 시기(20~30세경에 근육상태나 강도가 최고)이며 그 이후에는 기능이 손상 되는 시기(노화시작)
- 균형적인 신체조건을 형성하며 친밀한 관계형성(레빈슨), 친밀함 형성(에릭슨), 배우자선택 및 자녀양육 그리고 사회적 집단 형성(하버거스트)

## 4. 인지발달

- 지적발달은 최고도 절정에 달한다.
- 형식조작기(피아제)에 해당.
- 추상적이고 관념적인 특성으로 판단, 추론 등에 몰두하며 이상적인 가정, 사회를 동경하여 현실비판, 비관능력이 강함

## 5. 사회정서발달

- 부모로부터 독립(정서 및 경제적)하고자 하는 갈망과 불안(분리)으로 양가 감정에 빠짐(부모역할이 중요)
- 직업선택이 자아실현의 중요한 요인으로 판단 함(사회적, 정서적 욕구를 충족)
- 직업에 만족감을 주는 요인은 임금, 노동시간, 노동조건 등 심리, 사회적 요인이 존재(과거는 가정환경, 현재는 학업성적이 좌우)

## 6. 배우자 선택

• 배우자 선택이론(루빈)

| 근접성<br>이론 | 이상형<br>배우자 이론 | 가치일치<br>이론 | 동형배우<br>이론 | 보완적<br>욕구이론 | 조화이론 |
|---|---|---|---|---|---|
| 지리적<br>근접 | 개인의<br>바람 | 가치의<br>일치 | 자신과<br>유사성 | 파트너<br>이점 | 이해 및<br>수용 |

• 결혼 6단계(루이스)

| 1단계 | 2단계 | 3단계 | 4단계 | 5단계 | 6단계 |
|---|---|---|---|---|---|
| 유사성 | 라포 | 자기개방 | 역할탐색 | 역할조화 | 상호결정 |

## 7. 사회복지실천과의 연관성

• 자율성 확립의 시기(자긍심 · 인간관계 · 사회성 향상)
• 자기주장능력 행동의 보편화(정체감, 도덕성)
• 친밀감/고립감 형성시기(이성교제/결혼에 영향이 큼)

## ♣ 더 생각해보기

1. 청년기 발달과제는?
2. 양가감정이란?
3. 배우자선택 및 결혼단계는?
4. 사회적 발달(직업, 결혼, 가족)에 대하여 토론하기

# 제7장
# 중년기(40~65세)

## 1. 개요

- 중년기 혹은 장년기로서 다양한 삶을 통하여 지혜를 터득하고 사회적, 가정적으로 안정된 인생의 황금기 이다(반면 샌드위치시대, 빈 둥지 증후의 시대, 상실감의 시기, 제2의 사춘기 등으로 표현).
- 인생의 중반기로서 생성대 정체로 표현(에릭슨)
    - 생성: 사회의 존속을 위한 세대간 질서, 존속, 헌신
    - 정체: 자신의 기술과 에너지를 자기만족을 위하여 사용
- 발달과업으로 생리적 변화의 수용(심리적, 신체적 위축), 자녀양육, 부부역할의 수행, 여가 시간활용이 중요하다.

## 2. 신체적 변화

- 신체적 기능의 저하(힘과 원기 감퇴, 흰머리, 주름, 복부비만 등)

- 피로와 스트레스 회복이 느림(당뇨병, 심장질환 등 고통)
- 감각기관의 저하(시력, 청각 등) 및 신체변화(남성: 성능력 감퇴, 여성: 폐경기)
  ※ 황혼이혼 문제가 대두

## 3. 인지적 변화

- 단기적 기억력은 둔화하나 장기적 기억력은 변화하지 않는 것이 다수의 주장이다.
- 통합적 사고 능력이 향상
- 사랑의 지능은 16세경에 최고, 45세경에 유지 후 감소 추세(새로운 지식이나 기술, 속도 등은 50대 이후에 감소)

## 4. 성격변화

- 자기(self)를 실현하는 과정을 시작한다.
- 남성은 여성적 측면, 여성은 남성적 측면이 나타나서 발달한다(융: 부부갈등 초래).
- 자기중심(개성)의 내면세계를 강화(물질적·외적 → 정신적·내적)
- 따라서 성장과 성숙을 위한 잠재력을 개발한다(새로운 시기: 남을 위하여, 사회에 헌신, 못 다한 공부시작 등).

## 5. 사회적 변화

- 건강한 가정의 유·무에 따라서 차이(건강한 가정이란: 가족 간 유대, 의사소통 문제해결 수행능력, 가치 공유)
- 부부관계는 안정과 신뢰, 공감이 중요(동반자의식)
  ※ 건강한 결혼관계(뉴만 과 뉴만): 성장에 헌신-대화체계 개발-갈등의 활용
- 자녀양육은 의사소통, 진로문제, 상실감(부모)의 극복이 중요
- 노인부양의 문제(경제적, 심리적, 사회적 역할)로 발생하는 가족 분위기의 변화
- 직장의 전환: 자발적 전환과 비자발적 전환의 문제
- 여가활동의 문제(평균수명의 연장, 자녀양육의 독립, 조기정년 등)

## 6. 사회복지실천과의 연관성

- 중년의 위기(황혼이혼)
- 자기실현 문제(개성화)
- 생산성 대 정체감(가족해체, 실직, 빈곤 등)
  ※ 각종치료 프로그램 운영(사회복지시설 등)

## ♣ 더 생각해보기

1. 중년기(인생의 전성기 ↔ 인생의 위기)의 개념은?
   ※ 발달과업 문제(자신재평가, 남은 삶의 문제, 통합적 사고)
2. 왜 샌드위치 세대라고 하는가?

## 제8장
# 노년기(65세 이상)

## 1. 개요

- 노년기(노년 전기: 65~74세, 노년 후기: 75세 이상)는 통상 65세(노인복지법)부터 사망에 이르는 기간.
- 신체적 노화와 심리적 변화에 대한 적응이 중요한 과업이다.
- 자아통합(만족스러운 느낌)과 절망(불만족)이라고 표현(에릭슨)

## 2. 신체적 변화

- 명백한 신체적 변화는 흰머리, 주름 감각능력의 쇠퇴이다(수면시간 줄어들고 정신운동능력도 감퇴).
- 급성 질병보다는 만성 질환이 더 심화된다(관절염, 치매, 골다공증, 시력 및 청력 장애, 당뇨, 중풍, 고혈압 등).
- 치아색깔은 황색으로, 말은 느려지고 멈추는 시간도 길고

잦아진다.
- 감각기관은 절대적 퇴화이다(시각, 청각, 미각과 후각, 촉감 등).
- 학습능력이나 창조성이 끝난다고 보았으나, 현대는 뇌손상만 없다면, 죽을 때까지 배울 수 있다(평생교육).

## 3. 지적능력의 감퇴와 적응

- 지능의 변화는 생리적 외에 환경적 요인도 다수의 영향을 줌
  - 마일스(Miles): 7세부터 92세까지 지능검사결과, 정점은 18세, 50세는 15세와 유사, 80세에 감퇴
  - 파파리아(Papalia): 6세부터 74세까지 보존연구결과(수, 질량, 무게, 부피 등), 7세 이후 보존가능, 18~64세 우수, 64세 이후부터 감퇴
    ※ 지혜: 연령이 증가함에 따라 퇴행하는 것이 아니라 더 성숙됨(아프리카는 아이보다는 노인을 더 중시하는 경향).
- 통상적으로 지적활동의 정지연령은 66.7세
- 사고의 자기중심화

## 4. 심리사회적발달

- 신체적 건강보다는 심리적 건강이 더 부정적 생활사건으로 발생함(Cui & Vaillant, 1996).

- 부분적으로 성격이 변하며(조심성과 경직성, 우울증, 내향성, 수동성 등 증가), 전체적 성격특징은 유지(Vander-Zanden, 1993).
- 에릭슨은 자아통합감대 절망으로 표현(긍정적 및 부정적 양상보유)
- 노년기적응유형(Reichard, 1962): 성숙형(삶의 보람), 은둔형(수동형), 무장형(적극적), 분노형(자신의 삶을 후회: 원인을 외부), 자학형(원인을 내부)
- 조부모의 역할은 자신에 대한 존재가치, 삶에 대한 의욕을 충만 하는데 도움이 된다(공식형, 재미추구형, 대리부모형, 가족지혜 저장형, 원거리형 등).

## 5. 위기이론(Peck)

위기이론(Peck)은 노년기 발달상의 적응이슈로 건전한 성격발달을 위해 해결해야 하는 위기를 강조함.
① 자아변별대 역할몰입: 기존직업 집착에서 새로운 활동으로 만족을 추구
② 신체초월 대 신체몰입: 신체적 변화의 충격에서 사회적, 정서적변화로 만족을 추구
③ 자아초월대 자아몰입: 죽음을 인정, 후손을 위한 삶에 봉사

## 6. 성공적 노화이론

| 노화이론 | 내 용 |
|---|---|
| 분리이론 | • 노인과 사회의 분리는 불가피한 현상<br>(개인 또는 사회에 의한 분리) |
| 활동이론 | • 중, 장년기의 대체 역할 개발<br>(사회적 무관심과 편견에 도전) |
| 지속성이론 | • 인간의 늙고, 젊음에 관계없이 상이한 인성과 습관 보유 → 변수 (소극적, 적극적인 삶의 차이) |

## 7. 죽음의 과정(Kubler-Ross, 1969)

① 부정: 현실을 미인정(흔히 의사의 오진)
② 격노와 분노: 자신만이 죽어가는 것을 분노("왜 하필이면…)
③ 협상: 초자연적인 힘에 의지하여 협상
④ 우울: 병의 진행에 대하여 애착과 미련을 버리고 결별에 대한 상실과 슬픔으로 우울 유발
⑤ 수용: 인정, 세상으로부터 초연(마음의 평화)

## 8. 사회복지실천과의 연관성

• 심리적 측면: 사회적 역할 축소에 따른 고독과 소외감-극복을 위한 프로그램 개방, 자원봉사활동 참여, 여가활동
• 신체적 측면: 건강악화와 보호문제, 성문제 등
• 사회적 측면: 소득감소, 노인학대 등

## ♣ 더 생각해보기

1. 노년기 특징은?
2. 노년기 신체변화는?
3. 성공적노화이론(분리이론, 활동이론, 지속성이론)이란?
4. 죽음의 과정은?

# Note

# 제4부
# 사회환경의 이해

제1장 사회체계이론
제2장 생태학적 체계이론
제3장 가족
제4장 집단
제5장 조직
제6장 지역사회
제7장 문화

# 제1장
# 사회체계이론

## 1. 개념

- 체계란 다양한 체제들 간의 상호작용하고 상호 의존하는 각각의 부분들로 구성된 전체, 즉, 부분들 간 사이의 관계를 맺고 있는 일련의 단위(체계는 성장과 변화를 거쳐 안정성을 유지하는 방법)
- 독특한 방식으로 상호작용하고 일정시간동안 지속되는 요소로 이루어진 조직화된 전체로서 체계의 속성을 보유
  - 조직화: 체계의 부분 혹은 요소는 연결 또는 관계
  - 상호인과성: 상호의존성, 한 부분에서 일어난 사건은 모든 부분에 영향을 줌.
  - 항구성: 시간흐름에 따라 지속적으로 체계가 발달(안정된 구조유지)
  - 공간성: 물리적 공간을 점유(체계간 경계가 존재하여 구분됨)
  - 경계: 체계간 태두리(울타리: 체계와 환경구분 됨)

• 사회체계이론의 전제조건(Parsons): 모든 체계는 생존하기 위한 AGIL 필수요건을 충족해야 함.

**사회체계이론의 전제조건**

|  | 도구적(수단) | 완성적(목적) |
|---|---|---|
| 외적(환경) | 적응기능 | 목표달성기능 |
| 내적(체계, 나) | 유지기능 | 통합기능 |

- 적응기능(Adaptation): 외적인 상황(환경)에 대하여 자원을 분배 또는 보존하여 적응하는 기능
- 목표달성기능(Goal Attainment): 목표를 설정, 목표간 우선순위를 정하여 목표달성을 위한 구성요소(부분)를 통제하는 기능
- 통합기능(Integration): 체계가 내부적으로 부분들 간 연대(상호작용)하여 유지하고 통합(조정) 하는 기능
- 유지기능(Maintenance): 체계 내에서 발생하는 긴장을 다루는 기능(체계의 기본 틀 유지)

## 2. 유형

체계이론의 유형은 사회사업에 있어서 통상 일반체계이론(사회복지분야에는 사회체계 이론을 중시)과 생태학적 체계이론의 두 가지 형태로 구분된다.

(Payne, 1997) 먼저 사회체계 이론은 다음과 같다.
- 개념: 모든 유기적 조직체는 체계, 즉 상부체계와 하부체계로 구성되어 있으며 체계를 구성하는 요소들 간의 상호작용으로 보고, 인간은 신체, 심리 등으로 분리된 존재가 아닌 통합된 전체로 기능하는 존재(개인뿐만 아니라 가족, 집단, 다른 사회적 단위를 포함하는 전체적인 사회체계)
- 가정: 상호의존적, 상호작용적, 비종합성(전체>각 부분의 합). 상호관련성, 불균형시 균형회복을 시도(항상성원리) holon(하나의 체계는 상위 체계이면서 하위체계, 예-가족: 부부 → 상위, 조직→하위)
- 주요개념

| 주요개념 | | 내 용 |
|---|---|---|
| 구조적 | 경계 | · 외부환경으로부터 대상체계를 구분해주는 일종의 테두리<br>· 상호교류의 특징을 구분(체계의 독특성 또는 정체성 유지)<br>· 체계내로의 에너지흐름(투입)과 외부로 에너지 유출(산출)을 조절 및 통제 |
| | 개방체계와 폐쇄체계 | · 개방체계: 환경과 역동적으로 연결되어 활동(체계간 상호작용)<br>체계의 계속성과 교환유지(상호교환)<br>체계의 성장과 발달에 기여<br>· 폐쇄체계: 외부환경과 상호작용하지 않아 고립<br>다른 체계로부터 투입을 받아들이지 않고 다른 체계에 산출도 미작용, 지속시 엔트로피 상태화로 체계는 소멸(예: 교도소) |

| | | |
|---|---|---|
| | 대상 · 상위 · 하위 체계 | · 대상체계: 분석의 대상이 되는 특정한 체계<br>  (예: 김씨네 가족이 갈등시 가족이 대상체계)<br>· 상위체계: 대상체계의 외부에 있으면서 영향을 주는 사회단위 체계(예: 김씨네 가족이 교회에 다니는 경우, 교회는 가족 = 대상 체계의 상위체계)<br>· 하위체계: 대상체계의 내부에 있으면서 다른 하위체계 간 상호작용으로 영향을 줌<br>  (예: 김씨네 가족의 부부, 부모자녀, 형제 등) |
| 진화적 | 엔트로피 (entropy) 와 시너지 (synergy) | · 엔트로피: 체계부분들 간의 상호작용이 결여, 에너지가 감소하는 현상. 외부체계와 상호교류가 차단<br>  (외부에너지 투입이 중단 → 무질서)<br>※ 역엔트로피: 체계내 질서, 분화 등이 있는 상태, 즉 외부로부터 에너지 유입으로 체계의 질서가 증가하는 것<br>  (예: 부부관계가 갈등시 상담 및 여행 → 대화 등으로 회복 → 원만한 가정유지)<br>· 시너지: 체계의 부분들 간에 상호작용이 촉진되어 체제를 유지·발전 하는데 유용한 에너지가 증가하는 것<br>  (예: 부부갈등 → 상담 → 개선 → 성숙된 가정) |
| | 안정 상태 | · 부부들간 관계 유지 및 붕괴 방지를 위하여 지속적으로 에너지를 사용하는 상태(평형상태유지)<br>  (예: 정상적인 은퇴노인 → 새로운 친구, 여가활동 등으로 건강한 노년생활 유지) |
| | 균형 | · 외부환경으로부터 새로운 투입 없이 현상유지 하려는 체계의 속성<br>· 통상 폐쇄체계에서 나타남(예: 관료조직) |

제4부 사회환경의 이해 **143**

| | | |
|---|---|---|
| | 항상성 | · 체계가 외부로부터 위협 받았을 때에 이를 회복하고자 하는 경향(균형상태 유지)<br>· 이전의 안정성 회복을 추구<br>· 통상 개방체계의 속성(환경과의 지속성 일관성을 중시)<br>(예: 난방에 온도유지, 또는 부부 갈등시 자녀가 입원시 자녀에게 몰입, 퇴원 후 재 갈등 ) |
| 행<br>동<br>적 | 투입과<br>산출 | · 투입: 체계가 환경으로부터 에너지, 자원, 정보 등을 받아들이는 것, 과업관련투입(어떠한 욕구나 문제, 예: 클라이언트 문제)과 유지관련투입(욕구 충족 또는 모색, 예: 원조)<br>· 전환: 투입된 자원 등으로 처리하는 과정<br>· 산출: 투입된 것이 전환과정을 통하여 환경에 배출하는 것(결과물), 과업산출(클라이언트 문제해결), 유지산출(클라이언트가 습득한 기술 등), 소모(결과가 비효과적 예: 클라이언트의 중도 탈락 등)<br>· 환류: 체계의 평행유지 및 변화촉진<br>　- 부정적 환류: 목적과 관련하여 달성이 어려울 경우, 수정 및 보완하여 항상성 상태로 돌아갈 수 있도록 하는 것(행동수정)<br>　　(예: 사회복지사가 잘못된 상담시 수퍼바이저의 지적에 대하여 자신의 행동을 수정하여 만족한 상담 결과를 가져 옴)<br>　- 긍정적 환류: 체계가 목적과 관련하여 체계의 존재와 성장에 적합한 경우(행동강화)<br>　　(예: 자녀가 수업에 충실 할 경우에 부모는 계속적으로 관심 및 칭찬) |

## 3. 사회복지실천과의 연관성

- 인간은 사회체계 내에서 상호작용, 상호의존적, 상호교호작용등으로 체계에 의해 영향을 받으며 또한 체계를 변화시킨다고 본다(인간문제에 대한 총체적 영역을 제공).
- 특정한 대상에 국한하지 않고 다양한 크기의 사회체계 이론에 적용(개인에서 집단, 조직, 지역사회 등).
- 사정의 도구로서 생태도, 가계도 등을 발전시킴.

## ♣ 더 생각해보기

1. 사회체계이론의 개념은?
2. 체계의 속성(조직화, 상호인과성, 항구성, 공간성, 경계)은?
3. 주요개념(항상성, 엔트로피, 개방체계와 폐쇄체계, 투입과 산출)에 대하여 토론하기

# Note

# 제2장
# 생태학적 체계이론

## 1. 개념

- 사람과 환경이 서로 영향을 주고, 변화시키며, 만들어가는 즉, 인간과 환경은 분리가 아닌 지속적인 상호 교류 안에서 존재하는 하나의 체계(그러나 빈곤, 낙인, 차별 등은 상호 가능성을 희소시켜 사회 환경을 오염)
- 인간과 환경간의 복잡한 상호 보완성(상호적응) 또는 환경과의 조화를 중시
- 체계이론에서 파생(일반체계이론의 포괄적, 생태학이론의 구체적)하여 사회복지실천 모델에 도입(즉, 개인과 가족체계 강조)
- 개인과 환경과의 적합성과 상호교류 그리고 환경에 적응을 지지 또는 방해하는 요소를 중시

## 2. 기본가정

- 환경과 상호작용 그리고 타인과 관계를 맺는 인간의 능력은 타고난 것으로 봄.
- 인간과 환경은 호혜적 관계
- 인간은 매우 복잡한 존재
- 모든 인간행동은 내적인 욕구와 환경적인 요구 사이의 조화를 찾기 위한 적응과정으로서 부적응이란 미 존재
- 변화에 개방적이고 클라이언트의 문제행동은 환경과의 상호작용의 결과로 보기 때문에 변화를 위한 다양한 가능성이 존재함을 믿는다.
- 클라이언트가 가진 문제는 개인의 문제보다는 클라이언트와 관계있는 환경과의 상호작용의 결과로 봄.

## 3. 주요개념

| 개념 | 내용 |
|---|---|
| 환경 | • 사회환경: 인간에게 영향을 미치는 조건, 상황, 대인적 상호작용 등 포괄적의미 물리적환경(기후, 주택, 형태, 직업종류, 대중매체, 사회규범 등)<br>시간과 공간(속도, 주기, 거리 등)<br>문화적 환경(생활영역, 거주환경 등) |

| | |
|---|---|
| 적합성과 적응 | · 적합성: 인간의 적응욕구와 환경의 질이 부합되는 정도 개인의 욕구와 사회적 요구사이의 조화와 균형정도를 의미 → 상호교류로 성취<br>· 적응: 주변 환경의 조건에 맞추어 조절하는 능력을 의미 상호교환의 적합성<br>인간-환경이라는 하나의 단위에서 이루어지는 과정 |
| 스트레스와 대처 | · 스트레스: 개인과 환경사이에 상호교류에서 나타나는 불균형에 의해 야기되는 생리, 심리, 사회적 상태 (개인이 지각한 요구-충족시킬 수 있는 자원 활용능력 사이의 불균형)<br>· 대처: 문제(욕구)를 극복(해결)하기 위하여 노력하는 것 내적자원(자아존중감과 문제해결 기술)과 외적자원(가족 등 자원)이 필요 |
| 관계와 역할 유능성 | · 관계: 타인과 연결 할 수 있는 능력<br>· 역할: 기대되는 행동 유형<br>· 유능성: 개인이 환경과 효과적으로 상호교류 할 수 있는 능력(자신의 능력으로 환경에 바람직한 영향을 줄 수 있는 능력) |
| 공유영역 | · 개인과 환경이 상호작용하는 지점 |

## 4. 체계의 수준 및 구성

• 체계 수준

| 체계 | 내 용 |
|---|---|
| 미시체계 | ・개인을 의미<br>・가족과 같은 직접적인 사회적, 물리적 환경들<br>・개인의 특성과 성장 시기에 따라 달라짐<br>  (예: 유아기-가족, 학령전기이후-또래집단 등)<br>・상호호혜성이 중요<br>・영향을 주는 4대 요소: 문화, 제도, 조직, 지역사회 |
| 중간체계 | ・두 가지 이상의 미시체계들 간의 관계<br>・가족과 학교 등의 상호 호혜성이 중요 |
| 거시체계 | ・개인이 속한 사회의 이념이나 제도 또는 개인에게 영향을 미치는 환경적 요소(미시, 중간, 외체계 등 포함)<br>・광범위한 사회적 맥락(문화, 정치, 사회, 종교 등) |
| 외체계 | ・개인이 직접 참여하고 있지는 않으나 개인의 발달에 영향을 주는 환경체계<br>  (예: 부모실직, 가난, 주거실태 등) |
| 시간체계 | ・개인의 전 생애에 일어나는 역사적인 환경. 역동적인 환경을 포함하는 체계<br>  (예: 6.25전쟁 때 태어난 사람과, 평온한 시대에 태어난 사람의 차이 등) |

제4부 사회환경의 이해  151

- 체계구성

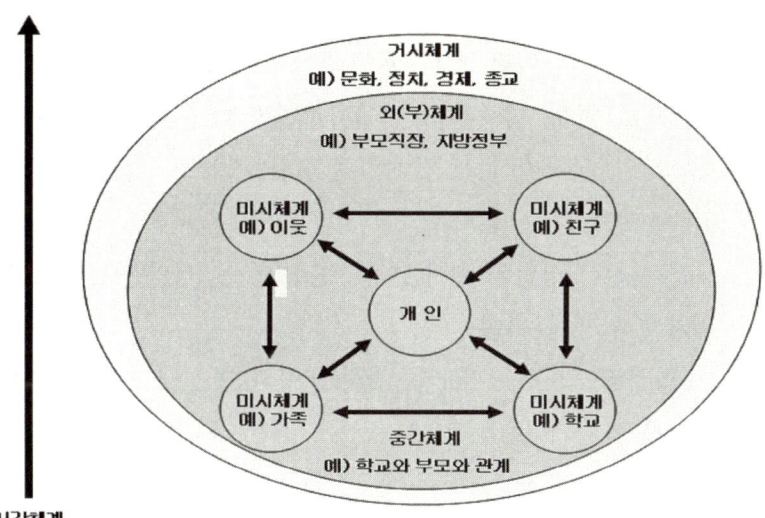

- 사회환경 속에서 다양하게 상호작용하는 체계들

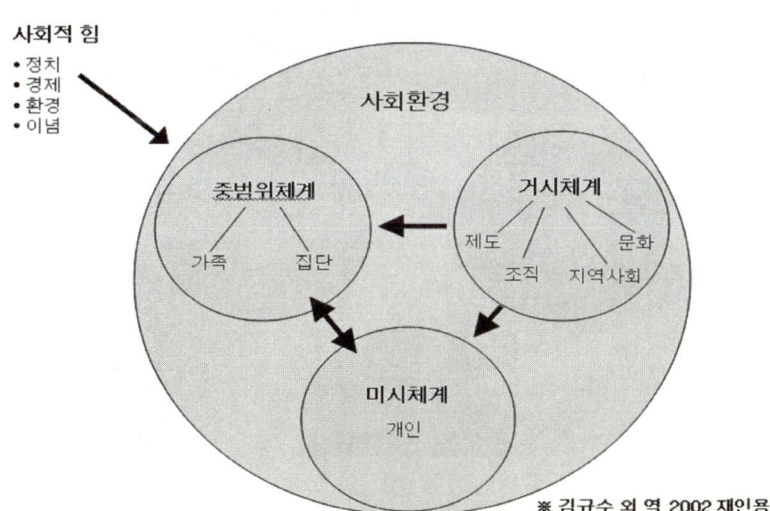

※ 김규수 외 역 2002 재인용

## 5. 사회복지실천과의 연관성

- 환경속의 인간이란 개념을 구체적으로 제시(개입기본단위: 개인으로 인정, 가족부터 전체사회까지 개입 인정)
- 포괄적인 실천지식 제공(개인-환경간 적합성, 상호교류, 상호작용 등)
- 통합적 접근 방법을 제시(단일 개입기법 → 다양한 개입기법)
- 생태도 활용에 기여
- 다 학문적 접근의 필요성 제시(균형과 안정성을 위한 다양한 전문가들의 원조 등)

## ♣ 더 생각해보기

1. 생태학적 체계이론의 개념이란?
2. 주요개념(적합성과 적응, 스트레스와 대처, 관계와 역할, 유능성)
3. 사회체계이론과 생태학적 체계이론과의 차이에 대하여 토론하기

| 사회체계이론 | 생태학적체계이론 |
|---|---|
| · 다양한 체계들간의 상호작용 중시<br>· 체계능력<br>· 체계변화 및 속성강조 | · 개인과 환경과의 적합성과 상호 교류중시<br>· 개인의 능력<br>· 체계변화와 유지기능을 동등하게 강조 |

# Note

## 제3장
# 가 족

## 1. 가족의 개념

- 인간이 최초로 접하게 되는 사회의 가장 기본적인 단위(이근홍, 2008)
- 서로에 대한 의무를 가지고 함께 거주하는 사람으로 구성된 일차 집단(Barker, 1991; 1급사회복지사 시험연구회, 2008 재인용)
  - 일차집단: 상호 빈번한 대면접촉
  - 서로에 대한 의무
  - 함께 거주한다는 것

## 2. 가족의 형태(김윤재 외, 2008)

혈연중심(전통적 가족)과 관계형성중심(주거공간, 필요한 다양한 역할과 기능을 공유하고자 노력하는 둘 이상의 사람들로 구성된 집단)으로 구분하나 통상적으로 다음과 같이 구분한다.

| 가족형태 | | 내 용 |
|---|---|---|
| 기본 형태 | 핵가족 (사업사회형) | • 보편적, 성상적인 현대가족형태(부부중심)<br>• 부부와 미혼인 직계자녀(2세대가족)<br>※ 기능중심으로 가족의 보호기능을 약화, 갈등초래가 야기 가능 |
| | 확대가족 | • 여러 세대(조부모, 부부, 손자녀)가 한집에 거주하는 가족 형태(가계 중심, 3세대 이상)<br>• 가부장제도(결혼 후에도 동거)<br>※ 상호, 원조(예: 모내기) 및 애정중심 |
| 다양한 형태 | 한부모가족 | • 이혼과 배우자 사망으로 1인의 부모로 구성된 가족형태(편부모 가족) |
| | 노인가족 | • 노인만으로 구성된 가족형태<br>※ 사회구조, 가치관 변화로 증가 추세 |
| | 재혼가족 (계부모가족) | • 다른 가족원이 함께 거주하는 일차적 가족 형태 |
| | 독신가족 | • 미혼자녀가 부모와 함께 거주하지 않고 따로 생활하는 가족형태<br>※ 사회구조에 따라 증가추세 |
| | 혼합가족 (복합가족) | • 동일한 주거공간에서 협력하나 개인적 또는 사회적욕구를 충족하고저 전통적인 가족역할을 수행하는 가족형태<br>※ 혈연, 법적인 관계가 없는 기능중심을 강조 (Barker, 1999) |

| 다양한 형태 | 수정확대 가족 | ·결혼한 자녀들이 부모님과 같은 장소가 아닌 근거리에서 생활하는 가족형태<br>※급속한 사회변화에 따라 현대사회에서 증가 추세<br>※수정핵가족(사생활 중시) |
|---|---|---|
| | 소년소녀 가족 | ·부모 등의 사망, 이혼, 가출, 질병 등으로 인하여 18세 미만의 아동이 가정생활을 유지하는 가족 형태 |

※통크족(TONK, Two Only No Kids )자식은 있으나 자식의 효심에 의존하지 않고 취미, 여행, 운동 등 부부만의 즐겁고 여유 있는 생활을 즐기는 가족형태.

## 3. 가족의 기능

가족의 구성원은 가족 내에서 서로 보호하고, 상호간에 친밀 관계유지, 경제적 부양 등 적응과 균형 그리고 더 큰 외부체계에 대한 욕구 등에 모두 충족시켜야 하는 과업 수행단위이다.

가족의 기능은 새로운 사회적 역할을 요구받고 있으며 시대와 문화 그리고 급변하는 사회변화로 일반화 하기는 어렵다.

- 인구의 재생산 기능
- 아동보호기능
- 사회화기능
- 성행동을 규제
- 애정의 원천(Zastrow, 2003)

그러나 현대사회는 산업화, 도시화, 인간욕구의 다양화 등으로 가족의 기능은 점차 약화되고 있으며 변화되고 있다.

## 4. 가족의 역동성

가족은 하나의 개방체계로서 가족구성원 각자의 행동은 다른 가족원에게 영향을 주기도 하고 받기도 한다.
- 기능적 가족체계: 사회적응에 결정적 영할
- 역기능적 가족체계: 한 구성원의 희생을 요구, 갈등초래
- 항상성: 가족 간 관계상의 균형을 이루려는 행동
- 가족규칙: 명시적·암시적 규칙 존재
- 가족신화: 가족구성원간의 신념 또는 기대
- 가족 내 하위체계: 부부(결혼유지)-부모(자녀출생)-형제(자신들 간 상호작용)-부모자녀
- 가족경계: 체계 간 차이를 보호(밀착된 경계-격리된 경계)

## 5. 가족생활주기

가족생활 주기는 하나의 가족이 결혼하여 자녀출생 및 출가, 퇴직 그리고 배우자의 사망 등 일련의 가족 구성원간 가족생애사건을 경험하면서 6단계로 구분하고 있다(김윤재 외, 2008 재인용 후 재구성).

• 핵가족의 가족주기 기본모형

| 가족주기단계 | 단계의 시작 | 단계의 끝 |
|---|---|---|
| 형성기 | 결혼 | 첫째아이 출생 |
| 확대기 | 첫째아이 출생 | 막내아이 출생 |
| 확대완료기 | 막내아이 출생 | 첫째아이 출가 |
| 축소기 | 첫째아이 출가 | 막내아이 출가 |
| 축소완료기 | 막내아이 출가 | 배우자 사망 |
| 해체기 | 배우자 사망 | 본인사망 |

• 가족생활주기(Catter & Mcgoldrick, 1980)
  - 1단계(원 가족으로 부터 분리): 독립성강조, 정체감형성 및 친밀한 관계 형성
  - 2단계(결혼을 통한 가족형성기): 파트너에 헌신과 관계형성
  - 3단계(아동을 둔 가족기): 새로운 역할로 적응과정이 중요(욕구문제)
  - 4단계(청소년을 둔 가족기): 새로운 스트레스 및 관계형성이 중요(독립과 보호)
  - 5단계(자녀 진수기): 새로운 변화(가정을 떠남)로 부부간 관계 재정립(중년기)
  - 6단계(노년 가족기): 노년적응 및 죽음의 필연성 인정
    ※이탈된 가족(단계별 적응에 실패), 단계별 전이의 중요성 문제

## 6. 가족의 경계

• 외부경계: 폐쇄형·개방형·임의형 가족체계

| 가족체계 | 형　　태 |
|---|---|
| 폐쇄형 | ·가족 내 권위자 또는 통제 자에 의하여 이웃부터 지역사회까지 출입을 제한 (예: 출입금지, 높은 담장 등) |
| 개방형 | ·집단의 합의과정에서 규칙이 존재(유동적, 정보교환의 자유 등) (예: 손님이 많고 지역사회 활동에 참여 등) |
| 임의형 | ·가족구성원 각자의 영역과 패턴을 보유 |

• 내부경계
  - 핵가족의 하위체계: 남편과 아내, 아버지와 아들(딸), 어머니와 아들(딸), 형제자매
  - 확대가족의 하위체계: 할머니와 손자녀, 삼촌과 조카, 장모와 사위 등

## 7. 사회복지실천과의 연관성

• 가족 내 부모역할 유형(Maccoby & Martin, 1983): 권위적 부모(애정적·수용적이나 행동통제) 독재적 부모(미온정적이나 엄격한 행동 통제), 허용적 부모(애정적·수용적이나 행동 미통제), 방임적 부모(무관심, 부모역할 미수행)
• 가족은 구성원간 정서적 안정과 상호작용 그리고 지원을 통한 사회체계의 일부분으로 갈등 초래시

- 구조적 가족치료: 구성원들간 동맹형성 및 강화 그리고 약화 또는 분리(새로운 가족 교류 방향, 경계 재조정, 적절한 권한 및 책임감 등)
- 가족정서 체계이론: 개인의 정서적 행동유형은 원가족속에서 형성(가정) (애착욕구와 자기 효능감 사이에 균형성취유도, 예: 다세대간 가계도)
- 의사소통이론: 가족 의사소통의 모호성 때문에 갈등초래, 따라서 의사소통의 명확성을 강조(예: 가족조각기법)

## ♣ 더 생각해보기

1. 가족의 형태 및 가족의 기능은?
2. 가족의 역동성이란?
3. 가족 생활주기(6단계)는?
4. 수정확대가족과 수정핵가족의 차이는?

# Note

# 제4장
# 집 단

## 1. 집단의 개념

- 소집단은 사회사업가에 핵심 사회복지(실천은 집단에서 발생)
- 어떤 목적을 성취하기 위해 상호작용하는 소규모 사람들의 대면적 모임(Brown, 1991) 즉, 공통의 목적이나 관심사를 2인(또는 3인)이상의 사회적 집합체
- 집단의식, 상호의존적, 상호작용과 행동양식을 공유하며 집단구성원들 간에는 통상 단일한 행동을 하나 다른 집단에게는 배타성을 보유
- 소집단은 통상 20명이내의 구성원

집단의 특성은 공통의 목적을 성취하기 위한 두 명 이상이 상호작용을 하여야 하기 때문에 다음과 같은 특성을 보유하고 있다(Norlin & Chess, 1997).

- 일정규모: 두 명 이상
- 공통목표: 소속감이나 결속력에 기여

- 정체성
- 배타성
- 자기조직화
- 개인행동에 대한 영향

## 2. 집단유형

집단의 유형은 목적, 상호작용의 형태, 구성방법, 배타성 등에 따라 구분할 수 있으나 통상적으로 일차집단과 이차집단, 형성집단과 자연집단, 개방집단과 폐쇄집단, 성장집단과 치료집단 등으로 구분한다.

| 집단유형 | 내 용 |
|---|---|
| 일차집단과 이차집단 | ・일차집단: 개인적이고 비공식적이며 특정한 목적도 없으며 자연발생적인 원초적 집단(혈연, 지연중심)<br>(예: 가족, 친구, 친척, 이웃 등 "우리감정")<br>・이차집단: 공식적이고 계약적이며 어떤 목적을 추구하기 위하여 인위적으로 구성된 집단.<br>(예: 애정, 배려, 정서적 측면이 부족, 각자의 역할을 중시) |
| 형성집단과 자연집단 | ・자연집단: 자연발생적인 집단(일차집단과 유사)<br>(예: 가족, 친구, 집단 등)<br>・형성집단: 어떤 외부적인 영향이나 개입을 통해서 구성된 집단<br>(예: 치료집단, 과업집단, 위원회 등) |

| 집단유형 | 내 용 |
|---|---|
| 성장집단과 치료집단 | • 성장집단: 집단 활동을 통하여 개인의 잠재력을 개발, 사회적 기능을 향상하기 위하여 구성된 집단 (예: 인카운터 그룹 등)<br>• 치료집단: 집단 활동을 통하여 개인의 행동을 수정 또는 어떠한 문제를 해결하기 위하여 구성된 집단 (예: 변화를 추구, 구성원들의 욕구충족을 중시) |
| 개방집단과 폐쇄집단 | • 개방집단: 무제한으로 구성원을 받아들임<br>• 폐쇄집단: 구성원의 수가 제한 |

그러나 집단의 유형을 사회복지사 1급 시험에 대비하여 치료집단, 과업집단, 자조집단으로 구분하여 제시한다.

• 치료집단: 구성원들의 사회 정서적 욕구에 만족을 증가하고자 하는 즉, 구성원들의 욕구 충족을 중시하는 집단.
  - 지지집단: 구성원들의 삶을 돕는 집단(예: 이혼한 부부의 자녀집단, 편모집단 등)
  - 교육집단: 구성원들이 사회에 대하여 배우는 것이 목적인 집단(예: 성교육을 받는 청소년 집단, 예비부부 교육 등)
  - 성장집단: 사회적 적응 기능을 강조하는 집단(예: 좋은 아버지가 되기 위한 집단 등)
  - 치유집단: 사회적 외상 또는 건강상의 외상이후에 원상복귀를 위하여 돕는 집단(예: 마약중독자 치료집단 등)
  - 사회화집단: 인간발달단계에 따라 사회적 관계를 촉진시키기 위한 집단(예: 여가집단, 각종스포츠 활동 등)

- 자조집단: 비슷한 환경에서 공통의 이익을 도모하고자 비전문가들이 공통의 문제 해결을 중시하는 집단(사회복지사와 같은 전문가는 간접적인 도움 제공)
  (예: 마약·암·비만 등은 = 치료집단, 복지권 주장집단, 여성해방운동집단, 자신들의 권리 옹호 = 시설 내 집단 등)
- 과업집단: 어떠한 과업의 달성이나 성과물을 산출 또는 명령을 수행하기 위하여 만들어지는 집단

## 3. 집단발달단계

| 단 계 | 내 용 | 집 단 |
|---|---|---|
| 1. 친밀전단계 | · 대부분 지도자중심<br>· 자신의 분명한 입장보류(접근, 회피행동) | 집단속에 망설임 |
| 2. 권력과 통제단계 | · 과도기<br>· 비 친밀에서 친밀로 관계형성이 변화(관계형성의 틀 형성) | 구성원간 서열을 중시 |
| 3. 친밀단계 | · 개인적인 소속감(관심)이 나타남(갈등해소)<br>· 집단의 특성이 나타남(시기와 공동체의식이 높다) | 자신의 감정과 문제를 자발적으로 노출 |
| 4. 분화단계 | · 집단의 정체성 발달<br>· 구성원간의 욕구간 조화 | 토론 활성화 |
| 5. 종결단계<br>(분리) | · 목적달성으로 새로운 행동 유행의 유발<br>· 구성원들의 이분적 행동가능(종결부정 또는 노여움 노출) | |

- 다양한 집단들이 존재하기 때문에 모든 집단에 공통적으로 존재하는 집단 발달 단계를 공식화 하는데 는 다양한 주장이 있으나 통상적으로 집단발달 5단계로 제시한다(Hepworth & Larson, 1993).

## 4. 집단의 역동성

- 집단 구성원들의 상호작용을 통하여 집단전체에 영향을 직·간접적으로 미치는데 이는 구성원들 간에 의사소통, 목적, 규범, 지위와 역할, 정서적 유대, 하위집단, 응집력 등 다양한 요소들에 의해서 영향을 받는 것을 집단의 역동성이라고 한다.
- 이러한 요소들은 적절히 유효하게 활용하는 경우에는 구성원들에게 긍정적인 결과를 가져올 수 있다(이근홍, 2008).
  - 의사소통: 언어적 소통(언어)과 비언어적 소통(손짓, 몸짓, 표정 등)
  - 목적: 구성원태도 및 방향에 영향, 동적, 목표일치 및 미일치(갈등초래), 개인 목표와 집단 목표와의 조화 여부
  - 규범: 행동상의 법규 및 통제수단
  - 지위와 역할: 구성원 각자의 위치 및 행동유형(역할)
  - 정서적 유대: 긍정적·부정적 감정의 교환(소속감)이 초래-하위집단이 생성
  - 하위집단: 유사성, 공통의 속성 및 관심사, 상호간 매력 등으로 형성

하위집단의 활용이 집단에 영향이 큼
- 응집력: 집단 구성원들의 공통목적달성에 중요한 요소

## 5. 효과적인 집단(Schriver, 1995)

- 목적성취
- 구성원간의 좋은 관계형성 및 유지
- 변화하는 환경 조건에 적응

## 6. 사회복지실천과의 연관성

- 사회체계로서 집단이 인간행동에 미치는 영향 → 구성원들의 소망과 욕구가 집단 목적으로 발전(긍정적) 또는 저항(부정적)
- 집단사회사업은 사회복지 실천분야에서 하나의 방법론으로 대두

  목적: 전문가 → 집단과정 → 개인의 사회적 기능향상(사회적 관계)

  (사회복지사): 다양한 이해의 필요성, 구체적인 지식과 기술의 필요

  ※구성원들의 긍정적인 상호작용이 집단전체에 영향이 큼

## ♣ 더 생각해보기

1. 집단이란?
2. 집단유형(치료집단-과업집단-자조집단)이란?
3. 집단의 역동성이란?

# Note

# 제5장
# 조 직

## 1. 조직의 개념

- 특정한 목적을 달성하기 위하여 의도적(인위적)으로 구성된 사회적 단위(Etzioni, 1964)
- 개인은 조직을 통하여 개인의 욕구를, 조직은 개인들을 통하여 조직이 달성하고자 하는 공통적인 목적을 달성가능 함.
- 모든 조직은 환경 속에서 다른 체계와 유기적 지속적으로 상호작용을 함
- 조직이 추구하는 특성에는 특정한 목적, 일정한 규범, 2인 이상, 위계구조, 자원, 독특한 문화 등이 존재

## 2. 조직과 집단관계

| 구분 | 유 사 점 | 차 이 점 |
|---|---|---|
| 조직 | · 2인 이상의 인간 집합체<br>· 특정한 목표 | · 공식적 상하관계가 명확<br>· 관료적이고 목표지향성에 강함 |
| 집단 | · 독특한 문화<br>· 제한된 자원 등 | · 대면적 상호작용<br>· 자율적 성향 |

## 3. 조직유형

| 주요학자 | 핵심주제 | 조 직 유 형 |
|---|---|---|
| 파슨스 (1960) | 사회적 기능 (사회의 유지발전) | • 생산조직(경제): 생산활동(부의창출)을 하는 산업체(예: 사기업)<br>• 정치조직: 권력형성 및 배분, 목적달성을 주도하는 조직(예: 정당, 국회 등)<br>• 통합(통제)조직: 사회질서를 유지하려는 조직(예: 경찰, 군대, 사법기관 등)<br>• 사회조직(체제유지): 사회화(문화, 가치창출 등)를 중시하는 조직(예: 교육기관, 종교단체 등) |
| 에치오니 (1964) | 통제형식 (복종, 관여) | • 강압적 조직: 구성원의 통제를 물리력에 의존하는 조직(예: 교도소, 군대 등)<br>• 공리적 조직: 보수를 통제수단으로 하는 조직 (이해타산적) (예: 회사, 경제단체 등)<br>• 규범적 조직: 도덕적 규범이나 사회적 수용을 중시하는 조직(예: 교육기관, 종교단체, 자원봉사 단체, 병원 등) |
| 블라우와 스콧 (1962) | 누가 수혜자 인가? | • 호혜적 조직: 조직의 모든 구성원이 수혜자가 되는 조직(예: 정당, 노동조합)<br>• 기업조직: 소유자가 수혜자가 되는 조직 (예: 회사, 은행, 사기업 등)<br>• 봉사조직(서비스): 조직의 이용자가 수혜자가 되는 조직(예: 사회복지기관, 병원, 학교, 상담소 등)<br>• 공익조직: 일반대중이 수혜자가 되는 조직(예: 정부기관, 군대, 경찰 등) |

## 4. 조직에 대한 관점

| 조직관점 | | 내 용 |
|---|---|---|
| 고전 | 과학적 관리론 (테일러) | ・목표달성을 강조(투입보다 산출 강조)<br>・공식적인 구조, 폐쇄적, 기계적인 인간<br>・시간과 동작의 연구 → 과학적 관리의 원리(충분한 과업부여, 표준화, 성과급, 십장제, 교육훈련 등)<br>※조직의 효율성과 생산성의 제고에 기여 ↔ 엘리트주의 |
| 신고전 | 인간 관계론 (메이요) | ・사회적 능률을 강조(경제적・수단적 → 감정적・정서적 측면)<br>・비공식적인 관계중시<br>※인도주의적 관점, 사회복지사와 클라이언트간의 긴밀한 상호작용의 과정 중시<br>※조직의 효과성을 경시(정치・경제적 측면 포함) |
| 현대 | 의사결정 이론 (마치와 사이먼) | ・조직 내 인간의 심리적 측면을 중시<br>・인간의 제한된 합리성을 강조(인간의 합리성을 부정)<br>※분석적 도구를 제공<br>※객관적인 척도가 부족, 조직내 권력과 자원에 대한 설명 부족 |
| | 체계이론 (실버만) | ・개방된 체계, 조직진단에 용이<br>・조직을 생물학적 비유로 설명: 개체간의 독특한 상호 의존관계<br>・조직의 통합과 상호의존성을 강조(생산・유지・경계・적응・관리 하위체계) |

| | | |
|---|---|---|
| | 목표관리 이론 (드럭커) | · 조직구성원들의 적극적인 참여 → 공통 목표설정 → 평가 및 환류<br>· 단기적인 목표수행에 용이<br>※ 업적 평가의 객관성(사기 및 직무만족) ↔ 질적 목표의 소홀(장기적 목표 등) |
| | 제도이론 (로완) | · 환경의 영향력을 중시<br>· 제도적 환경(국가, 전문직, 여론 등)에서 나오는 규칙을 강조(기술을 부정) |
| | 총체적 품질관리 (데밍) | · 고객만족을 중시(서비스질)<br>· 관리 철학적 성격(고객초점, 품질보증, 권한위임, 조직책임, 지속적인 개선 등)<br>· 총체적 혁신관리(결함에서, 만족하는 제품과 서비스 향상)<br>※ 삶의 질을 강조 ← 사회복지조직에서 기법의 도입 필요성이 증가 |

## 5. 조직의 역동성

현대의 대규모 조직에서 조직은 필연적으로 필요하고도 중요하나 복잡한 사회체계에서 다양한 규모의 조직들이 계속 발생하고 존재하면서 직·간접적으로 영향을 주고 있다. 이를 관료제, Z이론, 소진으로 구분 설명한다(이근홍, 2008, 재구성).

· 관료제: 현대조직사회에서 공통적으로 많이 볼 수 있는 조직으로서 베버에 의하여 처음 체계적으로 분석된 조직구조이다. 합법적이고 합리적인 지배를 강조하며 규칙, 명확한

관청적 권한, 분업화, 공·사구분, 계층화, 경력제도, 문서주의, 전문성 등의 특징을 나타낸다.
그러나 형식주의, 무사안일주의, 비밀주의, 비능률주의, 병리현상은 복잡한 현대사회에 있어서 수정 또는 보완, 그리고 완화하는 방향으로 발전시켜 나가야 한다.
• Z이론은 오우치에 의하여 서구 문화적 기반이 아닌 일본의 문화에 기반을 두고서 개발되었다. 즉 미국에서 일본식 경영으로 평생고용, 품의제도, 암묵적 통제, 장기적인 평가와 승진, 순환보직 등 경영가족주의를 강조하였으나 현대사회에서의 환경변화에 능동적인 예방과 대처에서 다소 거리가 있다는 단점이 많이 나타나고 있다.
• 소진은 구성원들 간에 해소하지 않은 일의 긴장으로 인하여 조직구성원들에게 나타나는 쇠약한 심리 상태로서 에너지의 축적이 고갈된 상태를 말한다. 따라서 조직 현상에서 소진현상을 감소하기 위한 적절한 대안이 절대적으로 필요하며 근무시간의 융통성, 의사결정 과정의 참여, 업무 공간의 개별화, 권한의 위임, 노력에 대한 보수 및 공정한 승진 등 구성원들 간의 인간관계가 중요하다.

## 6. 사회복지실천과의 연관성

• 조직을 기본으로 사회복지 서비스가 생성·제공
(문제규정 → 가능한 해결책 제시 → 전략개발 및 선택 → 변화에 대한 준비 → 변화 전략의 모니터링, 평가, 수정)
• 조직분위기에 따라 조직구성원의 성과에 영향

## ♣ 더 생각해보기

1. 조직개념이란?
2. 조직과 집단과의 차이점은?
3. 조직유형(수혜자 중심)은?
4. 조직에 대한 관점에 대하여 토론하기
5. 조직체계와 인간행동관계(상승형-무관심형-모호형)는?

# 제6장
# 지역사회

## 1. 지역사회 개념

- 지리적 조건(공유이익, 또는 공통의 관심사)에 의하여 형성된 지역공동체
- 주로 감정과 정서에 의하여 주민의 상호작용이 활발히 이루어지고 문화적 공유로 지역공동의식 보유
- 지역사회구성은 지리적 공간(일정한 경계), 생활공간(삶의 터전), 지역사회주민(같이 생활), 조직(공동목표추구), 상호작용(의존 및 공유) 등

## 2. 지역사회에 관한 이론적 관점(Schriver, 1995)

- 구조주의적 관점: 정치적·법적실체(국가 내 하위체계), 권력구조(힘), 지리적 조직(부자집단 등)
- 기능주의적 관점: 지역에 적합한 주요 사회적 기능을 수행하는 사회적 단위

| 지역사회기능 | 파생제도 | 내용 |
|---|---|---|
| 생산, 분배, 소비의 기능 | 경제제도 | 상품과 서비스 생산 |
| 사회화 기능 | 가족제도 | 구성원에게 지식, 가치, 행동 등 전수 |
| 사회통제기능 | 정치제도 | 사회규범에 순응토록 규제 |
| 사회통합기능 | 종교제도 | 사회참여 |
| 상호원조 | 사회복지 | 상부상조 |

- 인간생태적 관점: 환경과 지역주민과의 관계를 중시(조직과 서비스의 분포)
- 사회체계적 관점: 다양한 사회체계들의 상호작용을 분석(수평적·수직적 관계)
- 구성주의적 관점: 관계형성을 중시(상호작용 및 정서적 측면, 상호교환)
- 갈등주의적 관점: 서비스가 지배세력의 현상유지를 중시(지역사회 권력구조의 분석)

## 3. 지역사회의 유형

| | |
|---|---|
| 공동사회와 이익사회 | · 공동사회: 주민간 친밀한 유대관계 (신념, 가치, 상호의존 등)<br>· 이익사회: 주민간 전문적 유대관계(공식적 관계) |
| 지리적 지역사회와 기능적 지역사회 | · 지리적 지역사회: 장소를 기반으로 대도시, 중소도시 등<br>· 기능적 지역사회: 공통된 관심 및 소속감을 중시하는 외국인 노동자 집단, 특정종교집단 등 |
| 농촌사회와 도시사회 | · 농촌사회: 동질성, 안정성, 혈연 등의 관계 (자족적 생활권 폐쇄적, 전통적, 농업위주)<br>· 도시사회: 이질적인 하위문화 관계 |

## 4. 지역사회복지의 실천모델

지역사회 복지의 실천모델은 사회복지사들에게 지역사회 개입방법을 안내하는 역할을 한다(Hardina, 2002).
이러한 지역사회모델은 지역사회 개발모델, 사회개발모델, 사회행동모델이 있다(Rorthman, 1995, 김선아 외, 2006 재인용).

- 지역사회 개발모델: 지역사회 변화를 위하여 지역사회의 다양한 사람과 집단이 참여하여 지역사회 수준에 맞도록 민주적 절차와 합의를 전제(사회복지사: 교사의 역할, 예: 새마을 운동)
- 사회계획모델: 민주주의와 사회정의에 따라 자원과 처우를 향상(소외된 집단) (사회복지사: 행동가 역할, 예: 여성해방운동, 소비자보호운동 등)
- 사회행동모델: 민주주의와 사회정의에 따라 자원과 처우를 향상(소외된 집단) (사회복지사: 행동가역할, 예: 여성해방운동, 소비자보호운동 등)

## 5. 사회복지실천과의 연관성

- 지역사회의 사회사업실천에 자발적 참여
  - 공동체 정보
  - 거시적인 접근시도(개인·가족→집단, 조직, 지역사회)
  - 지역사회 내 다양한 갈등 해소를 위한 협상시도
  - 지역사회 문제해결을 위한 자원의 연합체 개발
- 지역사회 구성원의 자발적 참여로 각종개발활동에 일체감 보유

## ♣ 더 생각해보기

1. 지역사회의 개념이란?
2. 지역사회 유형은?
3. 지역사회 복지실천모델은?

## 제7장
# 문 화

## 1. 문화의 개념

- 문화는 인간이 생존과 실존에 필요한 것들을 얻기 위해 자연을 길들이고 신체를 길들이는 과정에서 생겨난다(사회복지사 1급 수험연구회, 2008).
- 사회구성원으로서 인간이 획득하는 능력과 습관을 포함하는 복잡한 총체(지식, 신앙, 예술, 도덕, 관습 등)
- 일관된 특성으로 학습성(후천적), 누적성(세대간 전승), 가변 및 역동성(미 고정), 보편성(모든 사회에 공통적), 다양성(국가, 지역, 인종간 상이)이 있다.

## 2. 주요개념 (파스칼 세계 대백과사전, 1999)

- 문화마찰: 서로 다른 문화가 접촉하면 사람들은 저마다 자기 문화의 기준으로 상대를 헤아리므로 여기서 서로 오해와 마찰, 갈등이 초래

- 문화변용: 독립된 문화를 지닌 둘이상의 사회가 장기간 직접적인 접촉에 의해 한쪽 또는 양쪽 문화체계에 변화가 일어나는 현상
- 문화상대주의: 어떤 문화든 저마다 독자적인 발전을 이루어 왔으며 이러한 문화에 대하여 특정한 입장에서 다른 문화의 우열을 결정하는 것은 올바르지 않다는 주장
- 문화사대주의: 다른 사회의 문화만을 동경 또는 숭상하여 자기 문화를 낮게 평가하는 현상
- 문화층: 개인이 접하는 문화의 여러 수준

## 3. 문화의 기능

- 사회화기능: 인간의 사회에 적응화에 기여
- 욕구충족기능: 기본적 욕구충족에 기여
- 사회통제기능: 규범, 관습 등은 질서, 통합에 기여
- 사회존속기능: 기존세대에서 다음세대에게 전승에 기여

## 4. 사회복지실천과의 연관성

- 클라이언트에 직·간접적으로 영향을 주는 거시체계
- 다양한 생활양식 등으로 문화의 공유 필요성이 증가
- 인간의 혼돈, 일탈을 방지할 수 있는 산물(사회복지사의 보편적 성격 중요)

## ♣ 더 생각해보기

1. 문화의 개념이란?
2. 주요개념(문화상대주의, 문화사대주의, 현대문화와 퍼스낼리티, 사이버문화)에 대해서 토론하기
3. 문화의 기능/유형 아폴로형(온순, 성실 등) 디오니소스형(일상에서 도피)이란?

# Note

# 제5부
# 이상행동의 이해

제1장 이상행동의 개념 및 진단
제2장 이상행동의 유형

## 제1장
## 이상행동의 개념 및 진단

### 1. 이상행동의 개념

- 사회복지사는 클라이언트문제에 개입하는 경우에, 때로는 이상 행동을 가진 클라이언트 문제에 개입한다.
- 정상적인 인간의 성장과 성격이론을 연구 후(인간발달이론) 인간의 행동을 문제적 측면에서 연구하였는데 보편적인 인간을 정상인으로 보았다.
- 이상행동에 대한 지식은 사회복지사에게 유용한 이유는(이인정외, 2000)
  ① 심리적 장애나 사회적 일탈에 관련된 이론을 이해하고 적용할 수 있으며
  ② 다양한 인간행동의 유용성과 한계를 파악하고
  ③ 이상행동에 대한 올바른 평가를 내릴 수 있으며
  ④ 이러한 평가를 바탕으로 사회복지 실천의 확립이 가능하기 때문이다.
- 다만, 이상과 이상행동을 정의하기는 어려우나 통상적으로

사회가 갖고 있는 규범에 따라 정의된다고 볼 수 있다(Alloy 등, 2005).
- 규범위반: 인간집단 구성원의 보편적인 규칙과 규범
- 통계적 희소성: 다수의 사람들이 갖고 있는 일반적인 행동(기준)과 상이한 행동
- 개인적 불편: 개인의 심리적, 정서적 갈등과 불편정도
- 부적응행동: 삶의 욕구에 대한 독특성
- 복합적인 기준: 사실(역기능적 행동)과 가치(규범준수여부)

## 2. 이상행동에 대한 진단

- 실제적으로 임상에서 정상과 이상을 엄격히 구분하는 것은 매우 어려운 일이다. 즉, 정상과 이상행동은 연속선상의 어느 지점에 놓여 있다고 보기 때문이다. 따라서 명백한 증거가 뚜렷한 경계선상은 어렵다.
- 다만, 이상행동에 대한 진단으로서
  ① 의뢰의 역할(전문가, 서비스 등)
  ② 이상행동에 대한 치료를 담당(일차적 책임: 문제유형에 대한 것, 이차적 책임: 정신과 의사를 돕는 것)
  ③ 클라이언트 가족을 대상으로 한 활동(가족의 역사 등)
  ④ 편견이나 무관심을 감소(홍보, 교육 등)
- 이상행동은 필요조건(모든 이상행동들이 반드시 공유하는 자질이란 특성)과 충분조건(이상행동에만 존재하고 정상행동에는 미존재하면서 한 가지 이상을 보유)으로 구분한다.

- 고통(고통스러운 증상): 우울증과 특정한 사건(애인의 사망)
- 부적응: 적응조건(그 행동이 생존을 증진, 개인의 안녕증진, 사회의 안녕증진)
- 비합리성과 불가해성: 객관성과 주관성
- 예측불가능성과 통제력의 결핍(일관성)
- 비인습성: 자기의사가 없는 행동

# Note

## 제2장
# 이상행동의 유형

## 1. 이상행동의 유형

 이상행동의 유형은 학자간 다양하게 주장하고 있으나 불안장애, 해리성 및 신체형장애, 기분장애, 정신분열증, 성격장애, 아동기정신장애, 알코올중독, 약물남용 등으로 구분하여 설명한다.

| 유 형 | 내 용 | 종 류 |
|---|---|---|
| 불안장애 | • 내적 및 외적 자극에 대한 불편한 반응<br>→ 긴장에 두려운 상태<br>(고통 무기력,<br>신체적 증상 등) | • 공포증: 폐쇄공포증, 광장공포증, 고소공포증, 사회공포증<br>• 강박장애: 강박관념과 강박행동<br>• 후 외상성 스트레스 장애<br>• 공황장애 |
| 해리성 및 신체형장애 | • 해리성: 기억이나 정체감 같은 인지적 기능에서 분열적 증상<br>• 신체형: 명백한 기질적 원인은 없으나 신체적 고통 또는 느낌을 호소 | |

| | | |
|---|---|---|
| 기분장애<br>(정동장애) | • 외적자극이나 여건과 관계없이 내적 요인에 의거 상당기간 우울 또는 들뜬 기분이 드는 현상 | • 우울증: 일상생활에서 관심과 흥미를 잃음(자살원인, 2주간의 기간)<br>• 조증: 들뜬 흥분 상태로 모든 것을 성취 할 수 있다는 기분<br>• 양극성장애: Ⅰ·Ⅱ형 양극성 장애(조증과 우울증 교대-경조증) |
| 정신분열증<br>(정신병) | • 사고와 지각 및 기분의 심각한 왜곡과 괴상한 행동으로 사회적 활동이 곤란함<br>(양성: 환각, 망상, 괴상한 행동 등,<br>음성: 인간기능의 손실 등) | • 사고와 언어장애: 두서 없는 말, 엉뚱한 주제등 이상한 행동<br>• 지각장애: 주의력 집중의 어려움, 인지곤란 등 행동<br>• 운동행동장애<br>• 사회적 철회: 대화 단절 후 몰두 |
| 성격장애 | • 성격특질에 이상(융통성 없고, 부적응) | • 편집성 성격장애: 합리성 없이 모두 의심하는 행동<br>• 정신분열형 성격장애: 괴상한 말과 행동<br>• 정신분열성 성격장애: 사회적 단절과 연결로 제한적인 감정으로 대인관계가 단절 |

| | | |
|---|---|---|
| 아동기 정신장애 | · 주의력 결핍, 학습장애 등 | · 주의력 결핍장애: 유전 및 뇌손상, 양육으로 나타남<br>· 품행장애: 공격, 거짓말, 파괴, 절도 등을 하는 아동<br>· 학습장애: 지능에 비해 기대수준이 떨어짐<br>· 자폐증: 외부세계와 차단, 언어장애, 고집 등 행동<br>· 섭식장애: 거식증(식욕손실)과 폭식증(구토)<br>· 지적장애: 18세 이전 발병, 지능이 70이하 |
| 알코올 중독 | | |
| 약물남용 | | |

※ 주요 정신장애: 양극성 장애, 주요우울장애, 정신분열증

## 2. 사회복지실천과의 연관성

• 이상행동의 모델

| 모델 | 내용 |
|---|---|
| 의학적<br>(질병) | • 신체적 역기능(치료 및 약물에 의존)<br>• 원인: 세균 → 유전적 요인 → 생화학적 이상 → 뇌의 역기능<br>• 치료방법: 약물, 전기충격치료 |
| 심리역동 | • 무의식적, 의식적인 내적갈등(욕망 등)<br>• 원인: 원초아, 자아, 초자아간 갈등으로 불안이 주요인<br>• 치료방법: 단기적 치료(자유연상법 등), 실존적 치료(사고와 초점중시) |
| 행동주의 | • 행동과 환경과의 직접 관계를 중시<br>• 원인: 부적절한 학습<br>• 치료방법: 긍정적·선택적 강화 또는 선택적 차별 |
| 인본주의 | • 인간의 의지를 중시<br>• 원인: 무조건적인 긍정적 애정 결핍<br>• 치료방법: 왜곡된 사고의 과정 |

• 사회복지사의 역할

① 조사와 진단(초기면접과 사정) → ② 의뢰(전문가연계) → ③ 심리상담과 치료(프로그램: 가족포함) → ④ 사례관리(보호와 재활) → ⑤ 교육 및 홍보(편견 극복)

## ♣ 더 생각해보기

1. 이상행동의 개념 및 진단을 이해하기
2. 이상행동의 유형이란?
3. 정상과 비정상의 차이는?

# Note

# 부 록

## 기공무원 및 사회복지사 1급 시험 출제문제

부록 1 공무원 시험 문제
부록 2 사회복지사 1급 시험 출제문제(제1~6회)
※ 자료: 1급사회복지사시험연구회, 2008.

# 공무원 시험 문제

01. 프로이트 심리성욕 발달단계의 순서가 맞는 것은?
   (공무원시험, 2001)
   ① 구순기→항문기→잠재기→생식기→남근기
   ② 구순기→항문기→생식기→잠재기→남근기
   ③ 구순기→항문기→잠재기→남근기→생식기
   ④ 구순기→항문기→남근기→잠재기→생식기
   ⑤ 구순기→항문기→남근기→생식기→잠재기

02. 에릭슨의 인간발달단계 중 퍼스낼리티 발달에서 일반 현상에 대립되는 개념이 아닌 것은?     (공무원시험, 1999)
   ① 신뢰감 대 불신감
   ② 근면감 대 열등감
   ③ 친밀감 대 고립감
   ④ 자발성 대 죄의식
   ⑤ 자아의식 대 역할혼미

03. 에릭슨의 심리발달단계 중 두 번째에 해당되는 것은?
   (공무원시험, 1999)
   ① 근면성 대 열등감
   ② 자율성 대 수치와 의심
   ③ 친밀감 대 고립감
   ④ 신뢰감 대 불신감
   ⑤ 정체감 대 역할혼미

04. 에릭슨(E. Erikson)의 인간발달과정 8단계 중 전적으로 의존적이었던 아동의 자율성이 발달하고, 배설과 같은 행동유형을 조정하는 능력이 발달하는 단계는? (공무원시험, 2003)
① 유아기
② 학령기
③ 항문기
④ 초기 아동기
⑤ 유희기

05. E. Erikson의 자아발달이론에 관한 설명 중 옳지 않은 것은? (공무원시험, 2004)
① 프로이트의 이론을 기초로 발달하였으므로 심리성적이론에 해당한다.
② 자아의 발달을 전 생애에 걸쳐서 8단계로 구분하였다.
③ 1단계에 형성되는 성격은 신뢰감과 불신감이라고 하였다.
④ 각 단계는 일정한 최적의 시기(Optimal time)가 있다.
⑤ 각 발달단계의 위기 해결책은 문화에 따라 다르다고 가정하였다.

06. 안나 프로이트가 제시한 방어기제에 대해 병리적인 것과 정상적인 것을 구분하는 기준이 아닌 것은? (공무원시험, 2000)
① 철회가능성
② 내용의 독특성
③ 연령의 적절성
④ 여러 방어기제 간의 균형
⑤ 방어의 강도

07. "교통사고로 한쪽 다리를 절단한 사람이 문병 왔을 때 절단한 사실을 모른 채 반가워서 침대에서 내려오다 그만 넘어졌다." 이러한 경우는 어떤 방어기제를 사용한 것인가?
(공무원시험, 2000)
① 합리화
② 부정
③ 투사
④ 승화
⑤ 반동형성

08. "저기 높은 선반 위에 포도 바구니가 있는데, 손에 닿지 않아서가 아니라 나는 먹기 싫어서 안 먹는다."라는 말에 알맞은 방어기제는? (공무원시험, 1993)
① 투사
② 전이
③ 합리화
④ 승화
⑤ 동일시

09. 개별사회사업의 제 이론 중에서 행동수정모델의 이론가는?
(공무원시험, 1993)
① Pavlov, Rank
② Pavlov, Watson
③ Watson, Hamilton
④ Pincus, Minahan
⑤ Minuchin, Rank

10. 전이(transference)의 설명으로 알맞은 것은?

(공무원시험, 1995)

① 클라이언트에 의해 전이된 감정에 대해 워커 자신이 표현하는 감정이다.
② 전이대상은 선이 아니라 참된 것이다.
③ 선택과 결정에 있어서 권리를 존중하고 인정하여야 한다.
④ 클라이언트의 적의와 같은 부정적인 감정표현이다.
⑤ 흔히 의사가 환자에게, 사회복지사가 클라이언트에게 보이는 반응이다.

11. 행동주의 모형의 개념을 바르게 설명한 것은?

(공무원시험, 2002)

① 개인 및 집단에게 구조화된 개입과 과제설정을 통하여 시간제한을 두고 원조한다.
② 특별한 상황에 처한 개인, 집단에게 그 긴박한 상황을 극복할 수 있는 원조를 제공한다.
③ 외부적으로 드러나는 행동에 대한 개입으로 상호간에 보상교환을 통하여 원만한 사회관계를 형성할 수 있도록 한다.
④ 개인의 내적인 활동을 지원하여 자신에 대한 이해와 통찰력을 높이게 한다.
⑤ 복합적인 욕구에 대하여 자원을 연계하여 조정하여 주는 역할을 수행한다.

《《《 정 답 》》》

【1】④   【2】④   【3】②   【4】④   【5】①   【6】②   【7】②
【8】③   【9】②   【10】④   【11】③

# 제1회 사회복지사 1급 시험 출제문제

01. 인간행동의 발달에 있어 발달 원리의 특성이 아닌 것은?
   ① 결정적 시기가 있다.
   ② 일정한 방향이 있다.
   ③ 개인차가 존재한다.
   ④ 특정 시기에만 존재한다.
   ⑤ 예측할 수 있다.

02. 정신분석이론에서 자아의 개념을 바르게 설명한 것은?
   ① 자아는 쾌락의 원칙에 따른다.
   ② 자아는 무의식 기재이다.
   ③ 자아는 성격의 집행자이다.
   ④ 자아는 긴장으로부터 해방시킨다.
   ⑤ 자아는 도덕적 부분을 담당한다.

03. 심리성적 발달 단계와 내용이 맞게 연결된 것을 모두 고르면?

   ≪보기≫
   가. 구강기-애착관계가 분리된다.
   나. 남근기-외디푸스콤플렉스를 경험한다.
   다. 잠재기-자아와 초자아가 약해진다.
   라. 항문기-처음으로 사회에 순응하라는 기대와 욕구에 직면한다.

   ① 가·나·다    ② 가·다    ③ 나·라
   ④ 라          ⑤ 가·나·다·라

04. 방어기제의 예와 연결이 바르게 짝지어진 것은?
　① 공주병 - 반동형성　　　② 신데렐라 - 보상
　③ 피터팬 - 승화　　　　　④ 여우와 신포도 - 합리화
　⑤ 단군신화 - 지성화

05. 자신이 수용할 수 없는 생각이나 충동을 무의식적으로 다른 사람에게 돌리는 방어기제는 무엇인가?
　① 전이　② 부정　③ 투사　④ 억압　⑤ 동일시

06. 심리사회이론의 주요개념은?
　① 열등감　② 무의식　③ 자아　④ 점성원리　⑤ 집단무의식

07. 칼 융(C.Jung)의 여성이 남성화하려는 개념은 무엇인가?
　① 아니마　　　　② 아니무스　　　　③ 페르소나
　④ 개인무의식　　⑤ 집단무의식

08. 사회학습이론에 대한 설명이다. 옳은 것은?
　① 인간의 인지능력에 대해 비중을 두지 않는 편이다.
　② 복잡한 행동패턴은 각각 분리하고 강화에서 서서히 학습된다.
　③ 타인의 행동을 기계적으로 모방하면서 자신의 행동을 형성한다.
　④ 성격 또는 행동의 결정 요인으로 심리적 기제를 중요하게 여긴다.
　⑤ 인간은 행동을 모방하거나 사회학습 경험으로 성격을 형성한다.

09. 반두라(Bandura)의 관찰학습 과정 중 기호화된 표상을 외형적 행동으로 전환하는 단계는?
① 주의과정　　② 개입과정　　③ 보존과정
④ 운동재생과정　⑤ 동기과정

10. 보기에서 설명하는 개념은?

≪보기≫
과거에 사회복지사에게 부정적 감정을 가지고 있던 클라이언트의 어머니가 이전의 사회복지사와 다르다는 것을 느끼고 인식이 변하였다.

① 도식　② 조절　③ 동화　④ 협응　⑤ 평형

11. 인지발달 단계가 올바르게 연결된 것은?
① 감각운동기 - 구체적 조작기 - 전조작기 - 형식적조작기
② 감각운동기 - 전조작기 - 구체적 조작기 - 형식적조작기
③ 전조작기 - 구체적조작기 - 형식적조작기 - 감각운동기
④ 감각운동기 - 전조작기 - 형식적조작기 - 구체적조작기
⑤ 전조작기 - 감각운동기 - 형식적조작기 - 구체적조작기

12. 구체적 조작기에 현저하게 나타나는 특징은?
① 상상놀이
② 추상적사고
③ 보존개념 획득
④ 가설수립과 추론
⑤ 대상영속성 개념 획득

13. 로저스는 완전하게 기능하는 사람에게 공통되는 특징을 제시한 바 있다. 로저스가 제시한 특징과 가장 거리가 먼 것은?
   ① 개방적으로 체험한다.
   ② 타인을 신뢰한다.
   ③ 삶에 충실한다.
   ④ 창조적으로 살아간다.
   ⑤ 자신의 느낌과

14. 인본주의의 기본 관점은?
   ① 인간을 통합적 관점으로 본다.
   ② 인간은 창조적 힘을 갖고 자신의 삶을 결정할 수 있다.
   ③ 인간은 자아의 자율적인 기능을 ㅏ탕으로 지속해서 사회와 관계하면서 발달한다.
   ④ 인간은 유아기부터 청소년기까지 5단계에 걸쳐 성격이 발달한다.
   ⑤ 인간은 내적충동보다 외적 자극에 의해 동기화 된다.

15. 매슬로우의 욕구단계 중 안전에 대한 욕구 다음 단계의 욕구는 무엇인가?
   ① 생리적 욕구
   ② 소속과 애정에 대한 욕구
   ③ 자기존중에 대한 욕구
   ④ 목적성취의 욕구
   ⑤ 자기실현의 욕구

16. 임산부가 태아에게 미치는 부정적 영향이 아닌 것은?
   ① 지지적 관계
   ② 40대 연령
   ③ 유전적 질병
   ④ 영양결핍
   ⑤ 흡연

17. 팀놀이(또는 단체놀이, team play)를 통해서 아동이 학습할 수 있는 것을 모두 고르면?

   ≪보기≫
   가. 분업             나. 경쟁
   다. 활동성 증가      라. 개인의 이익증시

   ① 가·나·다
   ② 가·다
   ③ 나·라
   ④ 라
   ⑤ 가·나·다·라

18. 갱년기의 특징으로 올바른 것은?
   ① 물질에 애착을 갖는다.
   ② 사회적으로 제도적 역할이 급격히 저하된다.
   ③ 신진대사가 활발해진다.
   ④ 현실적으로 힘과 지위, 권한이 하락한다.
   ⑤ 심각한 우울증에 빠지기도 한다.

19. 체계이론에 대한 설명으로 틀린 것은?
   ① 체계에서 한 성원의 변화는 전체에 영향을 미친다.
   ② 체계와 체계의 합은 단순한 합 이상이다.
   ③ 부부체계는 하위체계이다.
   ④ 체계의 환경은 체계경계선 외부의 것으로 규정된다.
   ⑤ 개방체계는 엔트로피적 속성을 가지고 있어서 체계가 건전한 방향으로 성장·발달한다.

≪≪≪ **정 답** ≫≫≫

| 【1】④ | 【2】③ | 【3】③ | 【4】④ | 【5】③ | 【6】④ | 【7】② |
| 【8】⑤ | 【9】④ | 【10】② | 【11】② | 【12】③ | 【13】② | 【14】① |
| 【15】② | 【16】① | 【17】① | 【18】⑤ | 【19】⑤ | | |

# 제2회 사회복지사 1급 시험 출제문제

01. 인간발달 단계에 대해 거시적인 접근을 한 것은?
   ① 생태체계 이론
   ② 정신분석 이론
   ③ 사회학습 이론
   ④ 행동주의 이론
   ⑤ 심리사회 이론

02. 발달의 특성이 아닌 것은?
   ① 청소년기에 완성된다.
   ② 상부에서 하부로, 중심부위에서 말초부위로 진행된다.
   ③ 보편적으로 진행되지만 개인차가 있다.
   ④ 일정한 순서가 있기 때문에 어느 정도 예측이 가능하다.
   ⑤ 발달이 가장 용이하게 이루어지는 결정적 시기가 있다.

03. 사회복지실천에서 성격이론의 역할은?

   ≪보기≫
   가. 클라이언트의 체계설정    나. 문제행동의 원인 이해
   다. 유전영향 설명            라. 개입방법의 선택

   ① 가·나·다         ② 가·다
   ③ 나·라            ④ 라
   ⑤ 가·나·다·라

04. 정신역동이론에서 사회문화를 습득하게 하는 것은?
　① 원초아　　② 무의식　　③ 초자아
　④ 전의식　　⑤ 자아

05. 프로이트의 심리 발달단계 중, 고착화되어 반항적인 행동과 지나친 청결을 강조하게 되는 시기는?
　① 구강기　　② 항문기　　③ 남근기
　④ 잠재기　　⑤ 생식기

16. 방어기제에 대한 설명으로 옳은 것은?

> ≪보기≫
> 가. 무의식적으로 사용한다.
> 나. 한 번에 한 가지 이상의 기체를 사용하기도 한다.
> 다. 긍정적으로 사용될 때도 있다.
> 라. 발달전기에는 억압, 후기에는 퇴행이 나타난다.

　① 가·나·다　　　　② 가·다
　③ 나·라　　　　　　④ 라
　⑤ 가·나·다·라

07. 방어기제와 그 예가 바르게 연결된 것은?
　① 해리 - 인어공주
　② 원상복귀 - 지킬박사와 하이드
　③ 승화 - 미운 놈 떡 하나 더 주기
　④ 전환 - 사촌이 땅을 사면 배가 아프다.
　⑤ 합리화 - 남자는 늑대, 여자는 여우

08. 에릭슨의 이론에 대한 설명에서 틀린 것은?
  ① 인간의 성격발달을 전 생애에 걸쳐 설명한다.
  ② 자아를 중요시한다.
  ③ 자아를 성격의 타율적 구조로 본다.
  ④ 자아의 자율적 기능을 강조한다.
  ⑤ 사회적 힘이 성격발달에 미치는 영향을 강조한다.

09. 에릭슨의 발달과업과 중요한 사회관계가 옳게 연결된 것은?
  ① 근면성 대 열등감 - 가족
  ② 자아정체감 대 역할혼란 - 이성친구
  ③ 친밀감 대 고립감 - 핵가족
  ④ 생산성 대 침체 - 직장동료
  ⑤ 자아통합 대 자아절망 - 학교

10. 아들러 개인심리학의 주요 개념이 아닌 것은?
  ① 가족형상                ② 생활양식
  ③ 인생각본                ④ 창조적 자아
  ⑤ 열등감과 보상

11. 칼융의 설명을 바르게 연결한 것은?
  ① 페르소나 - 자아의 가면
  ② 음영 - 무의식
  ③ 개성화 - 집단무의식
  ④ 원형 - 의식이 분리되는 과정
  ⑤ 아니무스 - 남자의 여성적인 면

12. 피아제의 전조작적 시기에 논리적 사고발달을 방해하는 요인은?

   ≪보기≫
   가. 자아중심성　　　　나. 형식성
   다. 비가역성　　　　　라. 보존성

   ① 가·나·다　　　　② 가·다
   ③ 나·라　　　　　　④ 라
   ⑤ 가·나·다·라

13. 아동이 경험하지 않은 미래의 사건을 예측할 수 있는 시기는?
   ① 감각운동기
   ② 전조작기
   ③ 구체적 조작기
   ④ 형식적 조작기
   ⑤ 모든 시기

14. Self-talk를 사용하여 정서적으로 클라이언트를 치료한 학자는?
   ① 펙　　② 융　　③ 엘리스　　④ 왓슨　　⑤ 매슬로우

15. 반두라의 관찰학습의 순서는?
   ① 주의집중 - 기억 - 운동재생 - 동기화
   ② 주의집중 - 기억 - 동기화 - 운동재생
   ③ 운동재생 - 기억 - 동기화 - 주의집중
   ④ 동기화 - 기억 - 운동재생 - 주의집중
   ⑤ 운동재생 - 주의집중 - 기억 - 동기화

16. 학습이론에 대한 설명 중 옳은 것은?

   ≪보기≫
   가. 사회적 기능에 관심을 둔다.
   나. 관찰 가능한 행동을 사정한다.
   다. 바람직하지 않은 행동도 수정할 수 있다.
   라. 비합리적 사고와 신념체계에 초점을 둔다.

   ① 가·나·다              ② 가·다
   ③ 나·라                 ④ 라
   ⑤ 가·나·다·라

17. 형이 동생을 때리면 장난감과 책이 없는 장소로 이동시키는 것은?
   ① 용암법                ② 토큰경제
   ③ 반응대가              ④ 혐오기법
   ⑤ 타임아웃

18. 다음 중 아동처벌을 극대화하는 것으로 맞는 것은?

   ≪보기≫
   가. 즉시 처벌한다.
   나. 냉정한 자세를 유지한다.
   다. 같은 상황에서 일관성 있게 처벌한다.
   라. 아동을 처벌하면서 대안을 제시한다.

   ① 가·나·다              ② 가·다
   ③ 나·라                 ④ 라
   ⑤ 가·나·다·라

19. 매슬로우의 자아실현을 한 사람의 태도로 맞는 것은?

    ≪보기≫
    가. 인간적인 약점은 있다.
    나. 다른 사람에 대하여 수용적 태도를 보인다.
    다. 비교적 사회체계의 변화에 독립적이다.
    라. 목적과 수단을 구분하지 않는다.

    ① 가·나·다             ② 가·다
    ③ 나·라                ④ 라
    ⑤ 가·나·다·라

20. 로저스 이론의 주요개념은?
    ① 무조건적인 긍정적 관심    ② 상황 속의 인간
    ③ 자아정체감              ④ 창조적 자아
    ⑤ 비합리적 신념

21. 임산부의 약물 복용이 태아에게 가장 많은 영향을 미치는 시기는?
    ① 임신전               ② 8~9개월
    ③ 1~3개월              ④ 4~6개월
    ⑤ 임신 전체 시기

22. 신생아의 발바닥을 자극시키면 발가락을 오므렸다 폈다 하고 생후 1년 후에 사라지는 반사는?
    ① 연하반사             ② 모로반사
    ③ 파악반사             ④ 걷기반사
    ⑤ 바빈스키반사

23. 유아기의 발달과제는?
  ① 모성보호
  ② 애착관계형성
  ③ 친밀감형성
  ④ 근면성
  ⑤ 자아통합

24. 아동기에 나타나는 발달 특성은?
  ① 성정체감 확립
  ② 부정적 정서에 자주 휩싸인다.
  ③ 부모로부터 정서적으로 독립한다.
  ④ 친구와 어울리는 능력이 발달한다.
  ⑤ 이성의 친구와 새로운 관계를 형성한다.

25. 아동기에 친구들과 일상적인 상호작용을 통해 배우는 것은?

  ≪보기≫
  가. 동성의 친구와 친밀한 관계를 경험한다.
  나. 친구들과 어울리면서 다른 방식을 알게 된다.
  다. 또래집단의 사회적 규범과 압력에 민감해 진다.
  라. 경쟁과 갈등의 다양한 측면을 깨우치게 된다.

  ① 가·나·다
  ② 가·다
  ③ 나·라
  ④ 라
  ⑤ 가·나·다·라

26. 청소년기 자아성장 집단에서 성취할 수 있는 목표가 아닌 것은?
    ① 있는 그대로의 나를 개방하는 능력을 기른다.
    ② 학습방법을 향상시킨다.
    ③ 친구와 잘 지내는 법을 익힌다.
    ④ 자신의 약점을 찾아낸다.
    ⑤ 인생의 목표를 설계한다.

27. 청소년기 여성의 발달상 나타날 수 있는 특징은?
    ① 자폐장애
    ② 틱장애
    ③ 학습장애
    ④ 섭식장애
    ⑤ 과잉행동장애

28. 정체감 형성을 위한 다양한 시도를 하는 연장된 청소년기를 지칭하는 개념은?
    ① 정체성 유실
    ② 정체감 성취
    ③ 정체감 효과
    ④ 부적응 정체감
    ⑤ 심리사회적 유예기간

29. 청년기 친밀감을 성취하는 데 사회적 관계의 장은?
    ① 부모
    ② 또래
    ③ 이웃
    ④ 직장
    ⑤ 지역사회

30. 중·장년기 위기에 해당하는 것은?

≪보기≫
가. 소득감소          나. 역할상실
다. 건강에 대한 자신감 결여    라. 소외감 증대

① 가·나·다        ② 가·다
③ 나·라           ④ 라
⑤ 가·나·다·라

31. 중·장년기의 성공적인 적응을 위한 바람직한 태도가 아닌 것은?
① 육체적인 활동보다는 정신적 활동에 에너지를 기울인다.
② 지나온 삶을 반추하고 앞으로의 인생 계획을 세운다.
③ 타인과의 관계를 보편적인 사회적 인간관계로 재정의한다.
④ 평생교육기관의 프로그램을 활용하여 지적·정서적 융통성을 가진다.
⑤ 명예로운 은퇴를 하기 위해 경쟁중심의 사고와 태도를 유지한다.

32. 발달상 노인의 특성이 아닌 것은?
① 보수적
② 내향성·의존성 증가
③ 감각기능의 문화
④ 갱년기
⑤ 역할변화

33. 로스의 노인이 죽음을 받아들이는 단계로 맞는 것은?
   ① 부인 - 격노와 분노 - 협상 - 우울 - 수용
   ② 격노와 분노 - 부인 - 협상 - 우울 - 수용
   ③ 부인 - 협상 - 격노와 분노 - 우울 - 수용
   ④ 부인 - 우울 - 격노와 분노 - 협상 - 수용
   ⑤ 우울 - 부인 - 격노와 분노 - 협상 - 수용

34. 인간의 적응요구로 환경자원과 부합되는 정도를 의미하는 것은?
   ① 피드백    ② 유능성    ③ 엔트로피
   ④ 스트레스  ⑤ 적합성

35. 생태학적 관점에서 생태학적 환경을 구분할 경우 체계에 해당하지 않는 것은?
   ① 가족      ② 학교      ③ 시너지
   ④ 사회복지관 ⑤ 사회적 관계망

36. 행동수정에서 필수적으로 들어가는 것은?

   ≪보기≫
   가. 처벌              나. 긍정적 강화
   다. 소거              라. 관찰가능 한 행동

   ① 가·나·다
   ② 가·다
   ③ 나·라
   ④ 라
   ⑤ 가·나·다·라

37. 집단의 외적 역동성과 관련된 것은?
① 외부 집단과의 경쟁
② 집단 크기
③ 집단 상호작용
④ 집단 규범
⑤ 집단 문화

38. 생태체계학적 관점에서 본 조직의 특성은?

> 보기
> 가. 조직은 목표달성 욕구가 있다.
> 나. 조직의 각 부분은 일정한 기여를 한다.
> 다. 조직의 경계는 분명하고 투과성이 있어야 한다.
> 라. 조직은 조직을 유지하기 위해 다른 조직과 교류한다.

① 가·나·다
② 가·다
③ 나·라
④ 라
⑤ 가·나·다·라

39. 공통적인 지리를 기반으로 하는 유형은?
① 가족
② 집단
③ 조직
④ 지역사회
⑤ 문화

40. 문화에 의해 영향을 받지 않는 것은?
   ① 생황양식
   ② 행동의 지침
   ③ 개인 무의식
   ④ 사회적 규범
   ⑤ 목표의 명확화

### ≪ 정답 ≫

| 【1】① | 【2】① | 【3】③ | 【4】③ | 【5】② | 【6】① | 【7】⑤ |
| 【8】③ | 【9】④ | 【10】③ | 【11】① | 【12】② | 【13】④ | 【14】③ |
| 【15】① | 【16】① | 【17】⑤ | 【18】① | 【19】① | 【20】① | 【21】③ |
| 【22】⑤ | 【23】② | 【24】④ | 【25】① | 【26】② | 【27】④ | 【28】⑤ |
| 【29】② | 【30】② | 【31】⑤ | 【32】④ | 【33】① | 【34】⑤ | 【35】③ |
| 【36】③ | 【37】① | 【38】⑤ | 【39】③ | 【40】④ | | |

# 제3회 사회복지사 1급 시험 출제문제

01. 정신역동적 발달이론이 사회복지실천에 기여하는 것은?
   ① 사회복지사가 클라이언트의 행동을 정확히 인지하고 파악하는 것을 가능하게 하였다.
   ② 감추어진 아동기의 정신적 외상을 밝혀내는 과정은 클라이언트의 문제를 사정하는데 중요한 측면이 되었다.
   ③ 사회복지 실천에 있어 원조의 초점을 인간의 정신 내적 갈등에서 외적 행동으로 이동시켰다.
   ④ 인간의 신체적, 심리적 발달에 있어서 환경의 중요성에 대해 강조하였다.
   ⑤ 관찰과 모방기법이 클라이언트의 문제행동을 제거하는데 유용하였다.

02. 태내기 때 어머니의 중요한 영향으로 알맞게 짝지어진 것은?

   ≪보기≫
   가. 어머니의 연령         나. 어머니의 건강상태
   다. 어머니의 약물복용     라. 어머니의 교육정도

   ① 가·나·다
   ② 가·다
   ③ 나·라
   ④ 라
   ⑤ 가·나·다·라

03. 과도한 신체 움직임, 부주의, 충동성으로 인해 학업성취도와 대인관계에 어려움을 초래하는 장애는?
   ① 학습장애　　　② 정신지체　　　③ 행동(품행)장애
   ④ 주의력 결핍장애　⑤ 반사회적 인격장애

04. 반두라의 자기 효능감의 개념은?
   ① 내적 기준에 따라 자신의 성과 평가
   ② 자신의 일 또는 특정 행동을 성공적으로 수행 할 수 있다고 믿는 것
   ③ 결과의 보상과 벌에 따라 행동
   ④ 정보에 적응하기 위해 인지구조를 능동적으로 변화
   ⑤ 자신에게 스스로 자신이 통제할 수 있는 보상을 주는 것

05. 프로이트의 심리성적 발달단계를 설명한 것으로 맞는 것은?
   ① 구강기 - 애착분리　　　② 항문기 - 자기조절 경험
   ③ 생식기 - 외디푸스 콤플렉스　④ 잠복기 - 이성에게 관심
   ⑤ 남근기 - 동성부모에게 관심

06. 사회복지실천에 있어서 생태체계이론의 유용성에 대한 설명으로 옳지 않은 것은?
   ① 사회복지사에게 하나의 개별적 접근방법을 가능하게 하였다.
   ② 여러 사회복지 영역에 포괄적으로 적용될 수 있다.
   ③ 직·간접적인 사회복지실천의 통합이 가능하게 되었다.
   ④ 원조 과정은 회복과 권한강화와 과정이라는 신념을 통해 사회복지전문직의 인본주의적 철학을 뒷받침해 준다.
   ⑤ 개인, 가족, 지역사회 그리고 더 큰 체계에 어려움을 유발하는 상황을 좀 더 적응적 상황으로 재구조화 한다.

07. 부모나 사회의 가치관을 그대로 수용하는 자아정체감의 발달 수준은?
   ① 정체감 유실
   ② 정체감 유예
   ③ 정체감 성취
   ④ 정체감 혼란
   ⑤ 정체감 분열

08. 중년기에 접어들면서 여성이 적극적이고 독립적으로 변해간 다는 이론은?
   ① 융의 심리분석이론
   ② 피아제의 인지이론
   ③ 아들러의 개인심리 이론
   ④ 로저스의 현상학적 이론
   ⑤ 스키너의 행동주의 이론

09. 노년기에 사회복지사가 개입해야 할 문제에 해당하는 것은?

   ≪보기≫
   가. 부양가족으로부터의 확대
   나. 노화로 인한 의료비 증가
   다. 퇴직으로 인한 역할 및 지위 상실
   라. 민첩성 감소로 인한 범죄피해 가능성 증가

   ① 가·나·다     ② 가·다
   ③ 나·라        ④ 라
   ⑤ 가·나·다·라

10. 인본주의에 대해 맞는 설명은?

   ≪보기≫
   가. 개인의 자기실천 경향성을 가지고 있다.
   나. 이간의 행동은 환경의 자극에 의해 전적으로 결정된다.
   다. 개인이 체험하고 지각하는 것은 현상학적 장에 근거한다.
   라. 원조보다 개입기법을 중시한다.

   ① 가·나·다            ② 가·다
   ③ 나·라               ④ 라
   ⑤ 가·나·다·라

11. 공격적 욕구가 강한 사람이 폭력적인 성향을 권투선수로 발전시켰다면 어떤 방어기제의 작용인가?
   ① 억압         ② 보상         ③ 투사
   ④ 승화         ⑤ 반동형성

12. 피아제의 구체적 조작기에 해당하는 주요발달 개념은?
   ① 물활론
   ② 자기중심성
   ③ 상징획득
   ④ 가설집중
   ⑤ 보존개념 획득

13. 경험, 훈련 또는 연습과 같은 외부 자극의 결과로 인해 개인이 내적으로 변하는 것을 무엇이라 하는가?
   ① 학습         ② 성장         ③ 성숙
   ④ 발달         ⑤ 발전

14. 학령전기(3~6세) 아동이 놀이를 통해 얻을 수 있는 것은?

   ≪보기≫
   가. 애착관계 형성        나. 운동기술
   다. 대상영속성 형성      라. 타인의 역할 수용

   ① 가·나·다            ② 가·다
   ③ 나·라                ④ 라
   ⑤ 가·나·다·라

15. 아들러의 개인심리이론의 주요개념은?

   ≪보기≫
   가. 우월성의 추구        나. 음영
   다. 생활양식            라. 페르소나

   ① 가·나·다            ② 가·다
   ③ 나·라                ④ 라
   ⑤ 가·나·다·라

16. 인간발달의 기본 전제 중 옳지 않은 것은?
   ① 인간의 성장과 발달은 삶의 모든 기간에 걸쳐 일어난다.
   ② 발달의 순서와 방향은 일정하며, 거슬러 진행 되지는 않는다.
   ③ 발달은 유전에 의해서 최종 결정된다.
   ④ 인간을 전체로 이해해야 한다.
   ⑤ 연령이 증가하면 발달경향에 대한 예측이 점점 어려워진다.

17. 청년기(성인초기)의 과업은?

≪보기≫
가. 직업선택  나. 폐경기
다. 결혼     라. 노인부양

① 가·나·다     ② 가·다
③ 나·라        ④ 라
⑤ 가·나·다·라

18. 체계이론에 대한 설명으로 틀린 것은?
① 체계에서 한 성원의 변화는 전체에 영향을 미친다.
② 체계와 체계의 합은 단순한 합 이상이다.
③ 부부체계는 가족체계의 하위체계이다.
④ 체계의 환경은 체계경계선 외부의 것으로 규정된다.
⑤ 개방체계는 엔트로피적 속성을 가지고 있어서 체제가 건전한 방향으로 성장·발달한다.

19. 중장년기 발달과업과 관련이 있는 것은?

≪보기≫
가. 직업선택  나. 폐경기
다. 결혼     라. 노인부양

① 가·나·다
② 가·다
③ 나·라
④ 라
⑤ 가·나·다·라

20. 어떠한 접근이라도 동일한 결과를 나타내는 체계이론의 특성을 무엇이라고 하는가?
    ① 경계             ② 항상성
    ③ 엔트로피         ④ 동등결과성
    ⑤ 평형상태

21. 에릭슨의 심리사회적 발달단계와 심리사회적 위기가 바르게 연결된 것은?

    ≪보기≫
    가. 학령전기 - 주도성 대 죄의식
    나. 청소년기 - 자아정체감 대 역할혼란
    다. 성인기 - 생산성 대 침체
    라. 유아기 - 기본적 신뢰감 대 불신감

    ① 가·나·다
    ② 가·다
    ③ 나·라
    ④ 라
    ⑤ 가·나·다·라

22. 매슬로우의 자아실현욕구를 충족한 사람의 특징이 아닌 것은?
    ① 문화, 유행에 민감하다.
    ② 독창적이고 창조적이다.
    ③ 유머감각이 있다.
    ④ 신비의 체험, 즉 절정의 경험을 한다.
    ⑤ 자기 밖의 문제들에 대해 집중하는 경향이 있다.

23. 아동기(7세~12세)의 특성으로 묶은 것은?

   ≪보기≫
   가. 신뢰감 발달        나. 근면성
   다. 생산성 획득        라. 구체적 조작기

   ① 가·나·다
   ② 가·다
   ③ 나·라
   ④ 라
   ⑤ 가·나·다·라

24. 영화나 드라마의 공격성이 청소년에게 미치는 영향은 어느 이론에 준거한 것인가?
   ① 인본주의
   ② 인지이론
   ③ 정신역동이론
   ④ 사회학습이론
   ⑤ 고전적 학습이론

25. 청소년기의 여성에게 발병할 가능성이 높은 정신장애는?
   ① 학습장애
   ② 과잉행동장애
   ③ 틱장애
   ④ 섭식장애
   ⑤ 정신분열증

26. 노년기의 심리적 주요과업은?

≪보기≫
가. 친밀감　　　　　　나. 죽음에 대한 수용
다. 부양의모　　　　　라. 자아통합 대 자아절망

① 가·나·다
② 가·다
③ 나·라
④ 라
⑤ 가·나·다·라

≪≪≪ 정답 ≫≫≫

[1] ②　[2] ①　[3] ④　[4] ②　[5] ②　[6] ①　[7] ①
[8] ①　[9] ⑤　[10] ②　[11] ④　[12] ⑤　[13] ①　[14] ③
[15] ②　[16] ③　[17] ②　[18] ⑤　[19] ③　[20] ④　[21] ⑤
[22] ①　[23] ③　[24] ④　[25] ④　[26] ③

# 제4회 사회복지사 1급 시험 출제문제

01. 이중적 관점으로 사회복지사의 전문직을 강조하는 관점은?
   ① 체계적 관점
   ② 상호작용적 관점
   ③ 현상학적 관점
   ④ 환경 속의 인간
   ⑤ 통합적 관점

02. 인간발달에 관한 설명 중 가장 옳지 않은 것은?
   ① 전 생애에 걸쳐 일어난다.
   ② 인간과 환경의 상호작용을 강조한다.
   ③ 인간의 발달은 일정한 속도를 가지고 진행된다.
   ④ 신체적·심리적 기능 간 상호관련성을 설명 한다.
   ⑤ 인간발달 이론은 사회복지 실천의 원조과정과 연관이 있다.

03. 다음 중 인간발달 관점으로 맞는 것은?

   ≪보기≫
   가. 생물학적 요인      나. 유전적 요인
   다. 환경적 요인        라. 개인 습관

   ① 가·나·다           ② 가·다
   ③ 나·라              ④ 라
   ⑤ 가·나·다·라

04. 프로이트의 자아방어기제가 정상적인지 병리적인지를 판단할 때 고려하지 않는 사항은?
① 왜곡
② 방어의 강도
③ 균형
④ 방어의 연령적절성
⑤ 철회가능성

05. 페미니즘(feminism)여성운동으로부터 비난을 받은 학자는?
① 융
② 에릭슨
③ 프로이트
④ 길리건
⑤ 피아제

06. 에릭슨(Erikson)의 관점으로 맞는 것은?
① 전 생애에 걸친 발달을 주장한다.
② 초기 아동기 때 심리적 건강을 확립한다.
③ 인간은 본능에 의존한다.
④ 이간행동의 동기를 원초아(id)둔다.
⑤ 사고능력의 발달을 위해 공통적인 과정을 거친다.

07. 아들러의 개인심리이론에 대한 설명 중 틀린 것은?
① 인간을 통합적·전체적으로 본다.
② 사회적인 요인이 성격에 미치는 영향을 강조한다.
③ 인간은 성적 만족보다는 우월감
④ 생활양식은 3~4세경에 결정된다.
⑤ 생애 초기 경험의 영향력은 매우 약하다.

08. 다음 중 융의 심리유형에 대한 설명으로 맞는 것은?

> ≪보기≫
> 가. 자아의 기본적 태도를 외향성과 내향성으로 구분했다.
> 나. 자아의 심리적 기능을 사고, 감정, 감각, 직관이라고 보았다.
> 다. 사고형과 감정형은 합리적이고, 감각형과 직관형은 비합리적이다.
> 라. 직관형은 나무는 보고 숲은 못 보고, 감각형은 숲은 보고 나무는 못 본다.

① 가·나·다
② 가·다
③ 나·라
④ 라
⑤ 가·나·다·라

09. 문화체계의 특성 중 옳은 것은?
① 문화는 각 부분에서 독립적이다.
② 과학적 분석이 불가능하다.
③ 미시체계에 영향을 미치지 않는다.
④ 인간이 만들어가는 것이니 적응할 필요가 없다.
⑤ 생활 속에서 만들어지며 일상생활 행동의 지침이 된다.

10. 체계 내에서 자신이 수행한 것에 대한 정보를 받는 것은?
① 역할(role)
② 투입(input)
③ 산출(output)
④ 환류(feedback)
⑤ 관계(relationship)

11. 스키너이론에 대한 설명으로 옳은 것은?
   ① 조작적 조건화는 반응적 조건화와 같은 개념이다.
   ② 인간의 인지적 능력을 중시한다.
   ③ 인간의 행동 또는 성격의 결정요인으로 사회적 요소를 중요하게 생각한다.
   ④ 인간은 내적 충동보다 외적 자극에 의해 동기화된다.
   ⑤ 성격은 자아(ego)의 지배력과 사회적인 지지로 형성된다.

12. 반두라의 사회학습이론이 아닌 것은?
   ① 놀이를 사회학습의 일환으로 본다.
   ② 행동은 내적 과정과 환경적 영향 간의 상호작용의 결과로서 발생한다.
   ③ 스스로 계기를 만들고 자기강화를 가능하게 하는 인간의 인지적 능력을 중요시 한다.
   ④ 인간은 매우 주관적인 존재이기 때문에 객관적인 현실이란 존재하지 않는다고 본다.
   ⑤ 인간의 행동 또는 성격의 결정요인으로 사회적 요소를 중시한다.

13. 로저스이론의 가정인 것은?
   ① 미래지향
   ② 자아통합
   ③ 준거틀
   ④ 선험적
   ⑤ 자아실현 욕구

14. 매슬로우의 이론에서 성장욕구는 무엇인가?
   ① 자기실현욕구
   ② 자기존중의 욕구
   ③ 소속·애정의 욕구
   ④ 안정의 욕구
   ⑤ 생리적 욕구

15. 영유아기의 발달과제는?

   | ≪보기≫ | |
   | --- | --- |
   | 가. 애착형성 | 나. 감정분화 |
   | 다. 적응발달 | 라. 자아정체감 형성 |

   ① 가·나·다        ② 가·다
   ③ 나·라            ④ 라
   ⑤ 가·나·다·라

16. 영유아기 사회적 발달의 특성이 아닌 것은?
   ① 놀이: 학습된다.
   ② 도덕성: 기초적 도덕성 발달
   ③ 낯가림: 낯선 사람에 대한 불안
   ④ 애착: 엄마에게만 나타남
   ⑤ 자아실현: 자기에 대한 인식 가능

17. 후기아동기 자기개념 형성에서 가장 적은 영향을 미치는 것은?
   ① 가족           ② 친구           ③ 사회
   ④ 개인적 요인    ⑤ 자긍심

18. 청년기·성인초기의 발달과업이 옳지 않은 것은?
   ① 직업을 선택하고 경력을 쌓는다.
   ② 부모와 다른 성인들로부터 정서적으로 독립한다.
   ③ 결혼과 부모역할을 준비한다.
   ④ 사회적으로 건강한 발달을 이룬다.
   ⑤ 사회적 역할을 융통성 있게 수행하고 적응한다.

19. 청소년 인지발달의 특성은?
   ① 경험하지 않은 일에 대한 인과관계 수준
   ② 전개념적 사고 시작
   ③ 대상영속성 발달
   ④ 보존개념 획득
   ⑤ 비가역적 사고

20. 이성교제와 결혼에 미치는 심리적 요인은?
   ① 자기주장    ② 효율성      ③ 접근성
   ④ 효과성      ⑤ 친밀성

21. 또래집단에 대한 설명으로 옳은 것은?
   ① 애착대상은 부모이다.
   ② 청소년기에는 또래집단에서 인정받고자 한다.
   ③ 일반적인 사회 환경을 수용하려는 강한 동기가 있다.
   ④ 또래집단의 특징은 좀 더 이질적이고 그 구성원은 비조직적이다.
   ⑤ 청소년기에는 또래집단의 지지와 이해를 통해 도덕성이 발달한다.

22. 중년기에 나타나는 변화로 가장 알맞은 것은?
    ① 근면성 확대        ② 인지능력 향상
    ③ 종합적 사고 향상    ④ 신체기능 저하
    ⑤ 40대 이후 남녀의 성적 특성 강화

23. 손자녀의 양육을 보모에게 맡기고 조부모의 역할에 충실하는 조부모 유형은?
    ① 공식형           ② 재미추구형
    ③ 거리두기형        ④ 대리부모형
    ⑤ 가족지혜형

24. 노년기의 지위와 역할 변화 중 옳은 것은?
    ① 모두 조부모의 역할을 한다.
    ② 모든 사회적 지위와 역할에서 제외된다.
    ③ 사회적 지위와 역할이 감소된다.
    ④ 공적인 영역에서의 역할이 증가한다.
    ⑤ 새로운 역할은 생기지 않는다.

25. 콜버그의 도덕발달 중 맞는 것은?
    ① 전인습적 도덕기(1단계): 역할 동조적인 도덕성
    ② 전인습적 도덕기(2단계): 욕구충족 수단으로서의 도덕성
    ③ 인습적 도덕기(3단계): 보편적 도덕 원리에 대한 확신으로서의 도덕성
    ④ 인습적 도덕기(4단계): 대인관계의 조화로서의 도덕성
    ⑤ 후인습적도덕기(5단계): 법과 질서를 준수하는 것으로서의 도덕성

26. 체계가 안정상태를 유지하기 위해 성공적으로 해결해야 할 기능상 문제는 무엇인가?
   ① 통합기능 - 적응기능 - 형태유지 - 목적달성
   ② 통합기능 - 적응기능 - 형태유지 - 갈등해결
   ③ 적응기능 - 평형 - 목적달성 - 갈등해결
   ④ 적응기능 - 조정 - 형태유지 - 항상성유지
   ⑤ 통합기능 - 적응기능 - 형태유지

27. 생태학적 관점으로 옳은 것은?

   ≪보기≫
   가. 인간과 환경의 상호작용
   나. 개인과 환경사이의 상호작용의 산물로서의 인간
   다. 환경 속의 인간
   라. 단순한 인과관계

   ① 가·나·다
   ② 가·다
   ③ 나·라
   ④ 라
   ⑤ 가·나·다·라

28. 다음 중 피아제의 인지발달단계에서 대상영속성을 획득하는 시기는?
   ① 감각운동기
   ② 전조작기
   ③ 구체적 조작기
   ④ 형식적 조작기
   ⑤ 모든 단계에서 가능

29. 삶의 위기에 대처하는 집단으로 옳은 것은?
    ① 성장집단　　　　　② 지지집단
    ③ 교육집단　　　　　④ 사회화집단
    ⑤ 과업집단

30. 역기능적 가족체계의 특성은?
    ① 의사소통이 잘된다.
    ② 개인의 행동을 순환적 관계로 파악한다.
    ③ 가족 내 하위체계 경계가 분명하다.
    ④ 변화보다는 평형을 유지하려는 속성이 강하다.
    ⑤ 가족 구성원 간에 정서적·재정적·심리적 지원이 활발하다.

《《《 정 답 》》》

| 【1】 ④ | 【2】 ③ | 【3】 ⑤ | 【4】 ① | 【5】 ③ | 【6】 ① | 【7】 ⑤ |
| --- | --- | --- | --- | --- | --- | --- |
| 【8】 ① | 【9】 ⑤ | 【10】 ④ | 【11】 ④ | 【12】 ④ | 【13】 ③ | 【14】 ① |
| 【15】 ① | 【16】 ④ | 【17】 ③ | 【18】 ⑤ | 【19】 ① | 【20】 ⑤ | 【21】 ② |
| 【22】 ④ | 【23】 ① | 【24】 ③ | 【25】 ② | 【26】 ① | 【27】 ① | 【28】 ② |
| 【29】 ② | 【30】 ④ | | | | | |

# 제5회 사회복지사 1급 시험 출제문제

01. 인간발달의 원리로 옳은 것은?
   ① 청년기에 발달이 중지된다.
   ② 말초에서 중심으로 발달한다.
   ③ 특수 활동에서 전체 활동으로 발달한다.
   ④ 분화의 과정인 동시에 통합적인 과정이다.
   ⑤ 신체적 측면과 심리적 측면 간에 관련성이 없다.

02. 인간발달과 사회복지실천의 관계로 옳지 않은 것은?
   ① 클라이언트의 욕구와 문제를 파악하게 한다.
   ② 전문적 사정과 개입을 가능하게 한다.
   ③ 실천적 전문성을 갖도록 한다.
   ④ 클라이언트의 발달단계에 따른 발달과업을 파악하기 어렵게 한다.
   ⑤ 모든 연령 층에 대한 개입을 가능하게 한다.

03. 인간발달의 기본개념으로 옳은 것은?

   ≪보기≫
   가. 인간발달에는 최적의 시기가 있다.
   나. 인간발달에는 개인차가 있다.
   다. 이전 단계의 발달이 이후 단계에 영향을 미친다.
   라. 전 생애에 걸쳐 일어나며 퇴행적 변화를 포함한다.

   ① 가·나·다    ② 가·다    ③ 나·라
   ④ 라          ⑤ 가·나·다·라

04. 프로이트 이론에 대한 설명으로 맞는 것은?
   ① 인간의 발달은 전 생애에 걸쳐 이루어진다.
   ② 리비도는 성적 에너지에만 국한된다.
   ③ 인간의 성격 형성은 초기아동기 이전에 이루어진다.
   ④ 아동 초기 경험으로 성인기에 정신병리가 발생 가능하다
   ⑤ 오이디푸스 콤플렉스의 결과로 동성의 부모를 적대시한다.

05. 프로이트의 심리성적 발달단계로 옳은 것은?
   ① 잠복기 : 동성 또래에 대한 관심 증대
   ② 항문기 : 배변욕구를 스스로 해결 불가능
   ③ 구순기 : 다른 대상자와 자기 구별 가능
   ④ 남근기 : 이성 부모를 동일시한다.
   ⑤ 생식기 : 1차 성징이 이루어짐

06. 방어기제에 관해 옳은 설명은?
   ① 자아가 강한 상태에서 사용한다.
   ② 방어기제사용은 사회 환경 변화에 영향을 준다.
   ③ 방어기제의 과도한 사용은 정서적 문제를 발생시킬 수 있다.
   ④ 불안의 원천을 해결하기 위해 사용한다.
   ⑤ 사용 횟수에 따라 정상적, 병리적 정서로 나눌 수 있다.

07. 에릭슨의 이론에서 심리사회 위기와 이러한 위기를 성공적으로 해결한 뒤에 얻게 되는 능력이나 정석이 올바르게 연결된 것은?
   ① 근면성 대 열등감 - 능력    ② 생산성 대 침체성 - 지혜
   ③ 친밀감 대 고립감 - 배려    ④ 자율성 대 수치심 - 목적
   ⑤ 신뢰감 대 불신감 - 의지

8. Jung의 분석심리이론에 대한 설명으로 옳은 것은?

   ≪보기≫
   가. 페르소나 - 개인이 외부에 표출하는 이미지
   나. 아니무스 - 여자의 무의식에 존재하는 남성적인 면
   다. 음영(Shadow) - 스스로 인정하기 싫은 부정적 원형
   라. 자아(ego) - 일관성, 통합성, 조화성을 이루려는 무의식적 갈망

   ① 가·나·다
   ② 가·다
   ③ 나·라
   ④ 라
   ⑤ 가·나·다·라

9. 개인심리이론에 관한 설명 중 옳은 것은?
   ① 인간발달은 전생 에에 걸쳐 이루어진다.
   ② 발달의 원동력은 자신감이다.
   ③ 인간은 발전할 수 있는 힘이 없다.
   ④ 개인이 지닌 창조적 힘이 인간본성을 결정한다.
   ⑤ 개인이 자신을 어떻게 객관적으로 인식하느냐가 발전의 원동력이다.

10. 피아제의 이론에서 전조작기의 특성에 해당하는 것은?
    ① 자기중심성
    ② 조합의 능력
    ③ 삼차순환반응기
    ④ 추상적사고
    ⑤ 자아정체감형성

11. 스키너의 행동주의이론으로 맞는 것은?
   ① 인간의 행동은 내적 충동에 의해 동기화된다.
   ② 변별자극은 외부세계를 통제할 수 없게 한다.
   ③ 관찰학습은 행동을 기계적으로 모방하는 것이다.
   ④ 반응적 행동은 구체적 자극을 통해 나타나는 구체적 행동이다.
   ⑤ 행동목록에 있지 않은 것이 나타나는 것이 행동형성이다.

12. 특정한 행동이 일정한 수만큼 일어났을 때마다 강화를 주는 강화 계획은?
   ① 연속적 강화계획
   ② 고정비율 강화계획
   ③ 고정간격 강화계획
   ④ 가변비율 강화계획
   ⑤ 가변간격 강화계획

13. 반두라의 사회학습이론 중 모델행동의 상징적 표상을 적절한 행동으로 전환하는 과정은?
   ① 주의집중과정
   ② 보유과정
   ③ 동기과정
   ④ 자기강화의과정
   ⑤ 운동재생과정

14. 로저스의 현상학적 이론(인본주의 이론)에서 완전한 기능을 하는 사람의 특징은?

    ≪보기≫
    가. 창조적인 삶
    나. 경험에 대한 개방성
    다. 자신의 유기체가 선택한 방향에 대한 신뢰
    라. 선택과 행동의 자유의지

    ① 가·나·다         ② 가·다
    ③ 나·라            ④ 라
    ⑤ 가·나·다·라

15. 매슬로우의 욕구단계에 대한 설명으로 옳은 것은?
    ① 인간의 본성은 악하다.
    ② 욕구는 강도와 중요성에 따라서 서열화 된다.
    ③ 자기실현 욕구를 충족하지 못하면 신경증이 생긴다.
    ④ 단계순서는 절대적이다.
    ⑤ 단계가 높을수록 더 쉽게 충족된다.

16. 태아에게 영향을 미치는 요인을 모두 고르시오.

    ≪보기≫
    가. 임신부의 정서 상태    나. 임산부의 분만 횟수
    다. 유전적 결함           라. 환경오염

    ① 가·나·다         ② 가·다
    ③ 나·라            ④ 라
    ⑤ 가·나·다·라

17. 영아기(0~2세)의 특징으로 옳은 것은?
 ① 맛을 감지할 수 있는 능력이 없다.
 ② 협응력이 생긴다.
 ③ 애착관계가 형성되면 분리불안을 느끼지 않는다.
 ④ 다음 일어날 일에 대해 예측할 수 있다.
 ⑤ 충동을 통제하기 시작한다.

18. 학령전기(4~6세)의 특징으로 옳은 것은?

≪보기≫
 가. 대상영속성 확립
 나. 자기중심성 확립
 다. 목표지향적인 행동
 라. 자율성을 기초로 하는 자아정체서 형성

 ① 가·나·다
 ② 가·다
 ③ 나·라
 ④ 라
 ⑤ 가·나·다·라

19. 7~12세 아동의 특징으로 틀린 것은?
 ① 연역적 추리, 조합적 사고가 발달한다.
 ② 부모 외의 새로운 영향력을 만난다.
 ③ 또래집단에 적응하고 성역할을 습득한다.
 ④ 11~12세 여아가 남아보다 몸집이 큰 경우가 많다.
 ⑤ 추상적 사고를 할 수 없다.

20 청소년기(12~24세)의 특징으로 옳은 것은?

```
≪보기≫
가. 구체적 조작기        나. 전 인습적 도덕기
다. 분리된 도식의 협응    라. 또래집단 인정욕구
```

① 가·나·다
② 가·다
③ 나·라
④ 라
⑤ 가·나·다·라

21. 청소년기(13~24세)에 정체감을 형성해 나가는 과정에 미래의 여러 가지 역할에 대한 실험을 하면서 의사결정을 하지 못하는 이유는?
① 정체감 혼미
② 정체감 유예
③ 정체감 유실
④ 정체감 성취
⑤ 정체감 수행

22. 청년기 발달 특징으로 옳지 않은 것은?
① 친밀감을 가진다.
② 자아를 통합한다.
③ 부모로부터 정서적 독립을 이룬다.
④ 신체적 수행능력이 정점을 이룬다.
⑤ 결혼과 부모역할을 준비한다.

23. 40~50세 연령층의 발달사항에 관한 설명 중 옳지 않은 것은?
    ① 신진대사의 저하로 체중이 증가한다.
    ② 점차 신체이상에 대한 회복 능력이 감소한다.
    ③ 부모-자녀 역할 전도현상이 나타난다.
    ④ 신체적, 정서적 상태의 변화로 중년의 위기를 느낀다.
    ⑤ 상황에 대한 가정을 바꾸기 보다는 상황에 대한 사실을 바꾸는 경향이 있다.

24. 노년기 특징으로 옳은 것은?
    ① 인지기능 발달
    ② 고독감과 소외감 감소
    ③ 성적인 욕구 완전히 상실
    ④ 신체 자동조절 기능 향상
    ⑤ 새로운 역할 습득 기회를 갖는다.

25. 큐블러 로스의 인간이 죽음에 이르는 심리상태로 올바른 순서는?
    ① 부정-분노-타협-우울-수용
    ② 분노-부정-타협-우울-수용
    ③ 우울-분노-부정-타협-수용
    ④ 우울-부정-분노-타협-수용
    ⑤ 분노-부정-우울-타협-수용

26. 일반체계이론 개념 중 옳은 것은?
   ① 시너지: 인간과 환경사이에 적극적으로 개입하는 자연발생적 힘
   ② 경계 : 둘 또는 그 이상의 사람이나 체계 사이의 상호 정서적 교류 및 역동적 상호작용
   ③ 엔트로피 체계가 성장하고 발달하는 방향으로 진행하는 과정
   ④ 항상성 : 체계를 안정적 지속적 균형 상태로 유지하기 위한 경향
   ⑤ 안정 상태 : 위협을 받았을 때 균형을 회복하려는 경향

27. 생태학 이론과 관련해 옳지 않은 것은?
   ① 인간은 사회 환경적 존재이다.
   ② 인간에 대한 낙관론적 견해를 지닌다.
   ③ 인간과 환경은 상호 호혜적 관계이다.
   ④ 유기체는 환경과 관계없다.
   ⑤ 생활환경은 인간에게 영향을 미친다.

28. 다음 중 알맞은 집단 유형으로 옳은 것은?

   ≪보기≫
   가. 지지집단 - 주민공청회
   나. 치유집단 - 비행청소년들의 모임
   다. 교육집단 - 이혼 남녀 모임
   라. 자조집단 - 자폐아를 둔 부모들의 모임

   ① 가·나·다    ② 가·다        ③ 나·라
   ④ 라          ⑤ 가·나·다·라

29. 집단과 조직의 차이점으로 맞는 것을 모두 고르시오.

≪보기≫
가. 조직이 집단보다 공식적 상하관계가 뚜렷하다.
나. 집단이 조직보다 대면적 상호작용을 한다.
다. 조직이 집단보다 더욱 목표 지향적이고 관료적이다.
라. 집단성원이 조직성원보다 한층 자율적이다.

① 가·나·다   ② 가·다   ③ 나·라
④ 라   ⑤ 가·나·다·라

30. 문화체계의 특성으로 옳지 않은 것은?
① 선천적으로 타고나는 생활양식이다.
② 언어를 통해 세대 간 전승되고 축적된다.
③ 개인, 집단, 지역사회의 행동양식에 영향을 미치는 거시체계이다.
④ 사회구성원들의 내면세계에 영향을 주어 인간행동에 영향을 미친다.
⑤ 시간에 따라 정체 없이 변화한다.

≪≪≪ **정 답** ≫≫≫

| 【1】④ | 【2】④ | 【3】⑤ | 【4】④ | 【5】① | 【6】③ | 【7】① |
| 【8】① | 【9】④ | 【10】① | 【11】④ | 【12】② | 【13】⑤ | 【14】⑤ |
| 【15】② | 【16】⑤ | 【17】② | 【18】② | 【19】② | 【20】④ | 【21】② |
| 【22】② | 【23】⑤ | 【24】⑤ | 【25】① | 【26】④ | 【27】④ | 【28】④ |
| 【29】⑤ | 【30】① | | | | | |

# 제6회 사회복지사 1급 시험 출제문제

01. 경험과 상관없이 유전적 메커니즘에 의해 체계적이고 규칙적으로 진행되어 가는 신체 및 심리적 변화를 무엇이라 하는가?
   ① 발달
   ② 변화
   ③ 성장
   ④ 성숙
   ⑤ 학습

02. 발달단계와 사회복지실천의 관심 대상이 잘못 연결된 것은?
   ① 학령전기(4~6세) - 아동학대
   ② 아동기 전기(4~6세) - 공격적 성향
   ③ 청소년 전기기(12~18세) - 학습장애
   ④ 청년기(25~35세) - 이혼
   ⑤ 노년기 후기(75세 이후) - 만성질환과 기능 손상

03. 인간발달이론이 사회복지실천에 기여한 내용이 아닌 것은?
   ① 개인적인 발달상의 차이를 파악할 수 있다.
   ② 발달단계마다 동일한 발달적 요인을 설명할 수 있다.
   ③ 생활주기를 순서대로 정리할 수 있는 준거틀을 제공해 준다.
   ④ 발달을 구성하는 다양한 신체적, 심리적, 사회적 요인을 파악할 수 있다.
   ⑤ 각 발달단계에서 수행해야 할 발달 과업을 제시해 준다.

04. 프로이트의 심리성적 발전단계에 대한 설명으로 옳은 것은?
  ① 항문기, 남근기, 잠복기, 생식기로 설명한다.
  ② 총 8단계로 구분한다.
  ③ 본능적 에너지가 행동과 사고의 동기이다.
  ④ 구강기 때 원초아, 자아, 초자아가 역동적 상호작용을 한다.
  ⑤ 자아를 성격의 자율적 구조로 강조 하였다.

05. 성정욕구가 강한 여성이 남자는 늑대라면 자신의 욕구를 남자의 탓으로 돌리는 방어기제는?
  ① 부정    ② 승화    ③ 퇴행    ④ 투사    ⑤ 격리

06. 에릭슨의 이론으로 옳은 것은?
  ① 아동기: 기본적 신뢰감 대 불신
  ② 청소년기: 자율성 대 수치심과 회의
  ③ 청년기: 근면성 대 열등감
  ④ 중년기: 주도성 대 죄의식
  ⑤ 노년기: 자아완성 대 절망

07. 에릭슨 이론 중 다음은 어떤 개념에 해당하는가?

  ≪보기≫
  성장하는 모든 것은 기본 도안을 가진다. 이러한 기본 도안부터 부분들이 발생하고, 이 부분들은 발달하다가 제각각 우세한 특정 시기를 겪는다. 이 모든 부분들이 기능하는 하나의 전체를 이룬다.

  ① 성숙원리       ② 상승원리       ③ 최적의 시기
  ④ 점성원리       ⑤ 기본도안이론

08. 아들러의 주요개념이 아닌 것은?
   ① 솔선성　　　　② 생활양식　　　③ 창조적 자아
   ④ 열등감과 보상　⑤ 우월에의 추구

09. 융의 주요개념 중 옳은 것은?
   ① 페르소나: 의식의 이면으로 무시되고 도외시되는 마음.
   ② 음영: 개인이 외부세계에 내보내는 이미지.
   ③ 원형: 모든 개인의 정신에 공통적인 하부구조.
   ④ 콤플렉스: 무의식적 관념 덩어리
   ⑤ 집단 무의식: 무의식적이고 선험적인 이미지

10. 피아제의 전조작기에 해당하는 것은?
   ① 추상적 사고가 가능해진다.
   ② 어떤 말을 반복해서 들으면 그 말의 의미를 알 수 있다.
   ③ 현재의 지각적 경험분만 아니라 과거와 미래의 경ㅎ머을 사용한다.
   ④ 자기 자신과 사실 간의 불일치가 주로 발생 한다.
   ⑤ 걸음을 걷기 시작한다.

11. 스키너 행동주의이론에 대한 설명으로 옳은 것은?
   ① 아동은 이성의 모델의 행동을 더 잘 모방한다.
   ② 아동은 위대하다고 생각하는 사람의 행동을 더 잘 모방한다.
   ③ 공격적이거나 불쾌한 행동이 관찰을 통해 학습된다.
   ④ 아동은 벌을 받은 모델을 거의 모방하지 않는다.
   ⑤ 이간행동의 초점은 자극과 고전적 조건화보다는 행동의 결과와 조작적 조건화에 있다.

12. 반두라 이론으로 옳은 것은?
   ① 이성에게서 더 많은 강화가 일어난다.
   ② 외부자극이 대부분의 인간 행동을 통제한다.
   ③ 벌을 받은 모델의 행동을 거의 모방한다.
   ④ 강화된 행동이 습관이 되고 이 습관이 성격을 이룬다.
   ⑤ 대부분의 학습은 다른 사람의 행동을 관찰하고 모방한 결과로 일어난다.

13. 매슬로우 이론 중 배우자를 만나 결혼하여 가정을 이루고자 하는 욕구는?
   ① 생리적 욕구
   ② 안전 욕구
   ③ 자기실현 욕구
   ④ 자기존중 욕구
   ⑤ 소속감과 애정의 욕구

14. 다음은 체계의 어떤 개념을 말하는 것인가?

   ≪보기≫
   비교적 안정적이며 지속적인 균형 상태를 유지하기 위한 자동적 경향으로서 위협을 받았을 때 체계의 균형을 회복하려는 경향을 말한다.

   ① 안정상태　　　② 긴장
   ③ 항상성　　　　④ 평형상태
   ⑤ 피드백

15. 사회체계적 주요 관점으로 옳은 것은?
   ① 적소(niche)는 부분인 동시에 전체적 총체이다.
   ② 개방적인 체계는 엔트로피 속성을 지닌다.
   ③ 긴장에 긍정적이거나 부정적인 가치를 부여한다.
   ④ 경계는 체계의 정체성을 유지하기 위해 필요하다.
   ⑤ 피드백은 서로 다른 체계들이 접촉하여 의사소통하는 과정이다.

16. 구체적 조작기에 아동이 성취하는 주요 개념적 능력이 맞게 묶인 것은?
   ① 보전, 유목화, 보상성
   ② 보존, 보상성, 조합
   ③ 보존, 유목화, 조합
   ④ 보존, 유목화, 대상영속성
   ⑤ 유목화, 대상영속성, 조합

17. 생태체계관점이 사회복지실천에 미치는 영향으로 옳은 것은?

   ≪보기≫
   가. 환경 속의 인간이라는 관점 유지
   나. 클라이언트에게 개입할 수 있는 단 하나의 유일한 기법 제시
   다. 클라이언트가 처한 상황을 다양한 체계수준에서 설명
   라. 개인과 사회의 문제를 단순한 원인과 결과의 관계로 해석

   ① 가·나·다        ② 가·다
   ③ 나·라           ④ 라
   ⑤ 가·나·다·라

18. 개인에게 직접적으로 영향을 미치며 성장함에 따라 변화하는 생태학적 환경은?
   ① 대상체계　　② 미시체계　　③ 중간체계
   ④ 외부체계　　⑤ 거시체계

19. 태아기 부부에게 필요한 사회복지서비스가 아닌 것은?
   ① 불임상태의 부부에 대한 서비스
   ② 낙태에 대한 불안 상담
   ③ 선천성 장애아동에 대한 상담
   ④ 출산에 대한 불안 상담
   ⑤ 부부에 대한 사회적 정보제공

20. 대상영속성을 취득한 아동의 특성은?
   ① 전조작기에는 터득했다.
   ② 경험의 한 차원이 변한다고 해서 반드시 그 경험의 다른 차원들이 변할 필요가 없다는 것을 이해한다.
   ③ 6개월 된 아이가 눈앞에서 장난감이 사라지면 찾으려 한다.
   ④ 시간·공간적 사고를 위해 필수적 요소이다.
   ⑤ 직관적으로 지각할 수 있는 것만 보려고 한다.

21. 3~6세 유아기 발달특징으로 옳은 것은?
   ① 모양이 다른 두 컵에 담겨진 동일한 양의 우유를 보고 덜 붓거나 더 붓지 않았다는 것을 안다.
   ② 장난감을 숨기면 의자 뒤로 가서 찾는다.
   ③ 같은 양의 물을 모양이 다른 두 컵 안에 그대로 부을 수 있기 때문에 두 컵의 양은 같다는 것을 안다.
   ④ 자율적인 도덕적 판단이 중요해진다.
   ⑤ 간신히 걸음마를 시작한다.

22. 아동기(7~12세)의 설명으로 틀린 것은?
   ① 집단 활동에 참여하게 된다.
   ② 이성친구와의 우정이 중요하다.
   ③ 협동과 경쟁의 원리를 알게 된다.
   ④ 또래집단에 어울리고 싶어 하며 그 집단의 규범과 압력에 민감해진다.
   ⑤ 사회적 규칙을 습득하기 시작한다.


23. 아동기(7~12세)에 나타나는 심리적 특징은?
   ① 사회적 애착을 확립한다.
   ② 자신의 행동의 자율적 통제가 가능하다.
   ③ 사물이 눈에 보이지 않아도 그 존재를 인식이 가능하다.
   ④ 친지들을 자신과 가까운 순서대로 말할 수 있다.
   ⑤ 성역할에 대한 인식이 생기면서 동성의 친구들과 어울린다.


24. 청소년기(13~24세)에 대한 설명이 아닌 것은?
   ① 자기중심적 성향이 증가한다.
   ② 또래로부터 인정을 받고자 하는 욕구가 강하다.
   ③ 부모로부터 독립을 원한다.
   ④ 자아정체감의 혼란을 겪는다.
   ⑤ 타인과의 관계에서 쉽게 감정이 격해지는 자신의 감정에 대해 관대해지려 한다.

25. 청년기(성인초기)를 대상으로 실시할 수 있는 프로그램으로 맞는 것은?

   ≪보기≫
   가. 예비부부 프로그램    나. 사회체험
   다. 예비부모 체험       라. 직장체험

   ① 가·나·다      ② 가·다
   ③ 나·라         ④ 라
   ⑤ 가·나·다·라

26. 성인 자녀들이 독립한 후 부부만 남은 상태에서 남편은 경제 사회적 활동으로 바쁜 반면, 전업주부인 여성은 소외감과 심리적 어려움을 경험하는 현상은?
   ① 무력감
   ② 정체감 유실
   ③ 갱년기 우울증
   ④ 빈둥지 증후군
   ⑤ 심리적 이유기

27. 노인기(65세 이후)의 심리사회적 발달의 특징으로 맞는 것은?
   ① 친근한 물건에 대한 애착이 감소한다.
   ② 외적 차원에서 내적 차원으로 자아의 방향을 전환 시킨다.
   ③ 우울 성향이 증가한다.
   ④ 여생을 생각해 지난날을 회상하지 않으려고 한다.
   ⑤ 성역할 지각이 고정화 되어 남성성, 여성성이 더 강해진다.

28. 프로이트의 이론에 비추어 최초의 양가감정을 느끼는 발달기는 언제인가?
   ① 음식을 빨고 삼키고, 깨물면서 쾌감을 느끼기 시작한다.
   ② 배변훈련이 시작되고 아이의 본능적 충동은 어머니에 의해 통제된다.
   ③ 거세불안과 남근 선망증의 심리가 나타난다.
   ④ 리비도는 특히 동성의 친구에게로 향한다.
   ⑤ 쾌락추구에 몰두하거나 자아를 지나치게 내세우는 극단화의 경향이 있다.

29. 보기의 내용을 설명하는 것은 무엇인가?

   ≪보기≫
   미운 놈 떡 하나 더 준다.

   ① 반동형성          ② 억압
   ③ 합리화            ④ 취소
   ⑤ 투사

30. 문화의 주요 특성 중 옳지 않은 것은?
   ① 세대간에 전승되고 축적된다.
   ② 정체되어 있지 않고 변한다.
   ③ 인간은 특정한 문화를 가지고 태어난다.
   ④ 특정 사회구성원은 다른 사회구성원과는 구별되는 공통점을 가진다.
   ⑤ 사회를 구성하는 부분들이 하나의 전체를 이룬 종합니다.

258   요점위주의 인간행동과 사회환경

《《《 **정 답** 》》》

【1】 ④    【2】 ③    【3】 ②    【4】 ③    【5】 ④    【6】 ⑤    【7】 ④
【8】 ①    【9】 ④    【10】 ②   【11】 ⑤   【12】 ⑤   【13】 ⑤   【14】 ③
【15】 ④   【16】 ③   【17】 ②   【18】 ②   【19】 ①   【20】 ①   【21】 ②
【22】 ②   【23】 ④   【24】 ⑤   【25】 ⑤   【26】 ④   【27】 ③   【28】 ①
【29】 ①   【30】 ③

# 참 고 문 헌

1급사회복지사 시험연구회편(2008), 인간행동과 사회환경, 나눔의 집.
곽형식 외(2000), 인간행동과 사회환경, 형설출판사.
권중동·김동배(2005), 인간행동과 사회환경, 학지사.
권석만(2007), 현대이상 심리학, 학지사.
김경희(2001), 발달심리학, 학문사.
김규수 외 6인 역(2002), 인간행동과 사회환경, 나눔의 집.
김윤재 외(2009), 인간행동과 사회환경, 신정.
김영호 외(2005), 인간행동과 사회환경, 양서원.
김선아 외(2006), 인간행동과 사회환경, 대왕사.
김태련 외(1996), 발달심리학, 박영사.
박병석(1986), 인간행동과 사회환경, 홍익재.
박차상 외(2002), 한국노인복지론, 학지사.
사회복지사 1급 수험연구회편(2008), 인간행동과 사회환경, 교육개발연구원.
유안진·김혜선(1996), 인간발달, 한국방송대학교 출판부.
이근홍(2008), 인간행동과 사회환경, 공동체.
이옥형(2002), 아동·청소년 발달, 집문당.
이인정·최해경(2000), 인간행동과 사회환경, 나남.
이종복 외(2008), 인간행동과 사회환경, 학현사.
이효선 & D. Graz(2006), 인간행동과 사회환경의 이해, 공동체.
전용호(2008), 인간행동과 사회환경, 학문사.
최순남(2002), 인간행동과 사회환경, 법문사.

최옥채(2007), 인간행동과 사회환경, 양서원.

한국복지정책 연구소(2003), 인간행동과 사회환경, 고헌 출판부.

Alloy, R.B., J.H. Riskind & M.J. Manos(2005), Abnormal Psychology, 9th ed., New York: MaGrow-Hill.

Barker, 1991; 1급사회복지사 시험연구회(2008), 재인용.

Barker, R. L. (1999). The Social Work Dictionary, 4th ed., Washington, DC; NASW Press.

Bandura, A. (1977). Self-efficacy: toward a unifying theory of behavioral change. Psychological Review, 84, 191-215.

Blau, P. M. & Scott, W. R. (1962). Formal organization. San Francisco: Chandler.

Bowlby, J. (1958). The nature of the child's tie to his mother. international Journal of Psychoanalysis, 39, 350-373.

Brown, L. N. (1991). Groups for growth and change. New York: Longman.

Carter, E. A. & McGoldrick, M (1980). The family life cycle and family therapy: An overview. In E. Carter and M. McGoldrick (Eds.), The Family Life Cycle: A Framework for Family therapy. New York: Gardner.

Craig, G. J. (1999). Human Development, 8th ed., Englewood Cliffs, NJ: Prentice-Hall.

Cui, X. & Vaillant, G. E.(1996). Antecedents and consequences of negative life events in adulthood: A longitudinal study. American Journal of Psychiatry, 153(1), 21-26.

Etzioni, A. (1964). Modern organizations. Englewood Cliffs, N. J. :

Prentice Hall.

Ginsbung, H. P. (1985). Jean Piaget. In H. I. Kaplan & B. J. Sadock (Eds.), Comprehensive textbook of psychiatry(Vol. 4, pp. 178-183). Baltimore: Williams & Wilkins.

Hardina, Donna, (2002). Analytical Skills For Community Organization Practice, New York: Columbia University Press.

Havighurst, R. J. (1963). Successful aging. In R. Williams et al. (Eds.), Process of aging, Vol. 1. New york: Atherton Press.

Havighurst, R. L. (1972). Developmental tasks and education (3rd ed.). New York: David Mckay.

Hepworth, D.H. & J.A. Larson, (1993). Direct Social Work Practice Theory and Skills, pacific Grove, C.A.: Brooks/Cole.

Kuble-Ross, E. (1969). On death and dying. New York: macmillan.

Maccoby, E. E. & Martin, J. A. (1983). Socialization in the Context of the Family: Parent-Child Interaction, in Mussen, P. H(ed.), Handbook of Child Psychology, 4th ed Vol. 4, New York: Wiley.

Norlin, J. M. & W. A. Chess, (1997). Human Bebavior and the Social Environment: Social Systems Theory, 3rd ed., Boston: Allyn & Bacon

Nye, R. D. (1981). Three Psychologies: Perspectives from Freud, Skinner, Rogers, 2nd ed., Monterey, CA: Brooks/Cole Publishing Co. 이영만·유병관 역(1991), 『프로이드·스키너·로져스』, 중앙적성출판사.

Payne, M. S. (1997). Modern Social Work Theory. Macmillan Press.

Peck, R. C. (1968), Psychological developments in the Second half of life, In B. L. Newgarter(Ed.) Middle age and aging, Chicago: University of Chicago Press.

Piaget, J. (1952) The origins og intelligence international Universities Press.

PMG 사회복지사연구회 김영란(2008), 인간행동과 사회환경, 박문각.

Reichard, S., Livson, F., & peterson, P. (1962). Aging and personality. New York: Wiley.

Schriver, J. M. (1995). Human behavior and the social environment. Allyn and bacon.

Schultz, D. & Schultz, S. E. (1994). Theories of personality, 5th ed., Pacific Grove, CA: Brooks/Cole Publishing Company.

Sigelaman, C. K. (1999). Life-span human development (3rd ed.) Brooks/Cole.

Urdang, E. (2002). human behavior in the social environment. Haworth social work practice press.

Vander-Zanden, J. W. (1993). Human development (5th. ed.). New York: McGraw-Hill.

Zastrow, c., & Navarre, R(1979, Fall), Self-talk; A new criminological theory. International Journal of Comparative and Applied Criminal Justice, 167-176.

## 저자소개

### 소 광 섭

**前** 건양대학교 기획처장
    한국행정학회 이사
    한국행정연구원평가위원
    한국사회복지정책학회 이사
    한국지방자치학회 이사
    충청남도 지방교육 공무원 인사위원 및 출제위원 등
**現** 건양대학교 사회복지학과장
    사회과학연구소장
    건양전문요양원 이사장
    한국사회복지정책학회 이사
    한국비교정부학회 이사
    한국노인복지학회 이사
    충남 사회복지공동모금회 운영위원
    계룡시 지역복지협의체 위원장 등

---

요점위주의
## 인간행동과 사회환경

인 쇄 · 2012년 2월 25일
발 행 · 2012년 2월 28일

지은이 · 소 광 섭
발행자 · 박 상 규
발행처 · **도서출판 보 성**

주 소 · 대전 동구 삼성2동 318-31
Tel (042)673-1511 / Fax (042)635-1511
등록번호 · 61호
ISBN · 978-89-6236-021-9 93330

정가 12,000원